KB040720

지금 시대의
자기 경영

지금 시대의
자기 경영

초판 1쇄 인쇄 _ 2021년 3월 1일
초판 1쇄 발행 _ 2021년 3월 5일

지은이 _ 김명희

펴낸곳 _ 바이북스
펴낸이 _ 윤옥초
책임 편집 _ 김태윤
책임 디자인 _ 이민영

ISBN _ 979-11-5877-230-7 03190

등록 _ 2005. 7. 12 | 제 313-2005-000148호

서울시 영등포구 선유로49길 23 아이에스비즈타워2차 1005호
편집 02)333-0812 | 마케팅 02)333-9918 | 팩스 02)333-9960
이메일 postmaster@bybooks.co.kr
홈페이지 www.bybooks.co.kr

책값은 뒤표지에 있습니다.
책으로 아름다운 세상을 만듭니다. — 바이북스

미래를 함께 꿈꿀 작가님의 참신한 아이디어나 원고를 기다립니다.
이메일로 접수한 원고는 검토 후 연락드리겠습니다.

헤드헌터 섭외 1순위가 전하는
나를 잃지 않으면서 최고가 되는 비결

지금 시대의
자기 경영

김명희 지음

바이북스
ByBooks

나만의 브랜드 '기본을 지키는 나'

흔히 신세대는 '워라밸'이고 구세대는 '워크홀릭'이라고 생각합니다. 아무래도 제조업 위주의 산업화 시대를 겪은 중년들은 일에 집중하는 경향이 있고, 4차 산업혁명으로 상징되는 정보화 시대를 만끽하는 청년들은 자신의 삶에 대한 관심이 많기 마련이지요. 이렇게 세대에 따라 개인에 따라 정도의 차이는 있지만 우리 인생에서 일은 큰 비중을 차지합니다.

일을 잘하는 사람이고 싶었습니다. 어디서 무슨 일을 해도 나의 몫 이상을 척척 해내는 사람, 나의 책임을 다하는 사람이고 싶었습니다. 내가 있음으로 인해서 다른 직원들과 회사 그리고 더 나아가 사회에 도움이 되는 사람이고 싶었습니다. 하다못해 옷을 하나 사더라도 예뻐 보이는 것보다는 일 잘하는 프로로 보이는 것을 더 선호했습니다. '어제와 다른 오늘의 나'라는 말처럼 매일매일 성장하는 내가 되고 싶었습니다.

30년 동안의 직장 생활은 크고 작은 선택의 연속이었고 그 선택의 순간은 나에 대해 돌아보는 시간들이었습니다. 23년 다니던 글로벌 회사를 떠나 국내 대기업으로 첫 이직을 하면서 나는 어떤 사람인지, 달라진 환경에서 내가 어떻게 변해야 하는지를 고민했습니다. 결론은 있는 그대로의 나에게 집중하는 것이었습니다. 환경이 달라지고 요구하는 역량은 조금씩 달라졌지만 기본을 알고 그 기본을 지키고 있다는 것은 나에게 중요한 자신감이 되었고 다른 사람과 차별화된 나만의 일관된 브랜드가 되었습니다.

PART 1 '나를 잃지 않고 일하는 방법'에서는 이런 이야기를 담았습니다. 오랜 시간이 지나도 변하지 않는 기본에 대한 이야기입니다. 변화하는 시대에도 기본은 변하지 않습니다. 나의 삶에 기본이 되어주는 가치관과 일의 의미에 대해서 사회 초년생일 때부터 지속적으로 고민하면서 직장 생활을 해나간다면 수십 년 동안 하게 되는 직장 생활이 즐겁고 자아실현을 할 수 있는 장이 될 것이라 생각합니다.

이 장에서는 가치관과 일의 의미에 대해 이야기합니다. 인생의 방향을 설정하고 선택의 기준이 되는 가치관을 바르게 세우기 위한 방법에 대한 이야기입니다. 또 나의 가치관이 중요하듯이 우리가 선택하는 회사도 바른 가치관을 가진 착한 회사이어야 합니다. 일의 의미에서는 일의 의미를 찾고 동기부여하는 비결에 대한 이야기입니다.

PART 2 '나를 성장시키는 업무 능력'에서는 변화하는 시대에 지금 시대가 원하는 능력과 전문성을 축적해서 최고가 되는 비결에 대한 내용을 담았습니다. 지금 시대를 일컫는 말들이 많이 있습니다. 4차 산업혁명 시대, 디지털 혁신 시대, 코로나 펜데믹 시대 등이 그 것입니다. 이러한 시대적 환경을 VUCA뷰카라는 단어로 이야기합니다. VUCA는 Volatility변동성, Uncertainty불확실성, Complexity복잡성, Ambiguity모호성의 줄임말입니다. 급변하는 기술, 경제, 사회는 우리에게 변동적이고 불확실한 미래를 예측하게 합니다.

이제는 불과 일 년 앞을 내다보기도 힘들어졌습니다. 기업 환경의 불확실성은 직장인의 앞날도 불확실하게 만듭니다. 평생직장에 대한 생각은 깨진 지 오래입니다. 그러나 위기 속에 기회는 있습니다. 이럴 때일수록 기업은 준비된 인재를 통해 불확실한 시대를 헤쳐나가려고 노력할 것입니다. 인재의 중요성이 더욱더 커지고 있습니다. 지금처럼 불확실한 시대에 빛나는 인재에 대한 이야기를 하고 싶었습니다.

PART 3 '일과 삶이 조화를 이루는 자기 관리'에서는 일과 삶의 조화를 위한 '몰입'과 '스트레스'에 대한 이야기를 담았습니다. 지극히 개인적일 수 있지만 동시대를 살아가는 모든 직장인들의 숙제라는 생각에 제 딸의 글을 실었습니다. 사실 저의 30년 직장 생활이 늘 성공적이었던 것은 아닙니다. 때로는 실수와 실패를 겪으면서 제 자신을 뒤돌아봤던 시간들도 있었습니다. 그중 저의 가장 아픈 실수를 이 장에 담았습니다.

성공에 대한 정의도 추구하는 가치도 제각각인 세상에서 어느 하나의 정답은 없습니다. 다양한 성공의 방정식이 있습니다. 자기 계발서를 출간하는 것이 독자들에게 어느 하나의 정답만을 이야기하거나 강요하는 모습으로 비춰지지 않을까라는 생각에 두려운 마음도 생겼습니다. 이러한 두려움으로 기존의 다양한 이론들과 실제 사례에 적용한 저의 경험을 결합함으로써 최대한 저의 경험이 객관적으로 입증될 수 있도록 노력했습니다. 취업을 준비하거나 직장 생활을 하면서 도대체 어떻게 해야 일을 잘할 수 있는지 고민하는 사람들에게 조금이나마 도움이 되기를 기대합니다.

지난 30년 동안 일을 하면서 많은 사람들을 만났습니다. 반짝반짝 빛나는 직원들과 동료들, 상사들, 협력업체 여러분들, 그리고 고객분들. 이분들은 어떤 형태로든 저에게 영향을 준 저의 스승들이었고 저의 조력자들이었습니다. 저의 경험을 풍부하게 채워주어 이 책이 세상에 나올 수 있도록 도움을 준 고마운 분들이었습니다. 이 자리를 빌어 감사 인사드립니다.

끝으로, 늘 희생으로 딸의(저의) 빈자리를 대신해주신 어머니, 한결같이 저를 지원해주는 남편, 이제는 훌쩍 커서 든든한 친구 같은 딸, 아들에게도 고맙고 사랑한다는 말을 전합니다.

차례

작가의 말 4

Part 1 　나를 잃지 않고 일하는 방법

Chapter 1　가치관
양보할 수 없는 가장 중요한 원리

1 나를 잃지 않고 일하는 힘은 정직으로부터 시작된다 16
2 모두를 위해서 피드백과 평가는 솔직해야 한다 22
3 우리에게 진정 의미 있는 가치관이란 무엇인가 32
4 모든 변화는 '나'부터 출발한다 45
5 나의 가치관뿐만 아니라 회사의 가치관도 중요하다 54

Chapter 2　일의 의미
오랜 시간이 걸려도 반드시 찾아야 할 것

1 나에게 일은 어떤 의미인가? 66
2 일에 가치를 부여하면 최고가 될 수 있다 76
3 내가 하는 일의 영향력을 경험하면 의미동기가 높아진다 86
4 우리의 뇌는 도전적인 일을 하면서 즐거움을 느낀다 94

Part 2 나를 성장시키는 업무 능력

Chapter 3 논리력과 창의력
복잡한 문제를 해결하는 능력

1 이 시대 가장 요구되는 것은 복잡한 문제를 해결하는 능력 108

2 관심과 관찰로부터 시작되는 문제 해결 115

3 다양한 사고력 활용으로 경계를 넘나드는 사람들 123

4 오늘의 정답은 어제의 정답과 다르다 131

5 디지털 트랜스포메이션 시대에 기술 활용하기 138

Chapter 4 전문성
성과를 부르는 능력

1 불확실한 환경에서 나를 지켜주는 것은 전문성이다 146

2 SMART에서 Adaptive로 진화하는 일의 성과 154

3 일을 잘할 수 있는 환경을 마련해주는 것이 리더의 역할 162

4 성공적인 커뮤니케이션은 듣는 이의 공감을 통한 목표달성 171

5 기회가 없음을 두려워 말고 준비되어 있지 않음을 두려워하라 181

6 승진 그 자체가 목표가 아니다 중요한 것은 장기적인 나의 성장이다 191

7 성장 가능성에 도전한 23년 만의 첫 이직 202

Part 3 일과 삶이 조화를 이루는 자기 관리

Chapter 5 몰입
즐거움과 행복을 얻는 방법

1 통과할 수 없었던 시험을 통과할 수 있었던 힘 220

2 몰입, 내면의 조정을 통해 행복을 얻는 방법 228

3 몰입을 위해 필요한 조건들 235

4 설렘과 두려움이 교차하는 시간, 몰입으로 해결하다 241

5 딸의 눈으로 나를 들여다보다 251

Chapter 6 스트레스
적절히 관리하면 도움이 되는 힘

1 나는 나 자신으로서 충분히 괜찮은 사람이다 258

2 일과 삶의 균형을 일과 삶의 통합으로 전환하기 265

3 너와 나의 의견이 다름을 인정하자 274

4 기대 수준의 차이 어떻게 극복할 것인가? 280

5 몰입을 통한 스트레스 관리법 288

6 소중한 것을 잃고 나서야 깨달은 진실 294

나를 잃지 않고
일하는 방법

우리는 인생을 살면서 수많은 선택의 순간에 직면하게 된다. 그래서 인생은 크고 작은 선택의 결정체라고 이야기할 수 있다. 나 역시도 직장인으로 30년을 살아오면서 수많은 선택의 기로에 섰었다. 그때마다 내가 '나'다운 결정을 하고 후회 없는 인생을 살아온 것은 내 인생의 근본이 되는 가치관에 대한 뚜렷한 생각 때문이었다. 비록 그 선택들이 남들이 보기에 바보스러운 일이라 하더라도, 내가 견지하는 일관된 원칙에 부합된다면 그것으로 괜찮고 후회할 일은 없다.

가치관

양보할 수 없는 가장 중요한 원리

나를 잃지 않고 일하는 힘은
정직으로부터 시작된다

흔히 정직하면 오히려 손해 본다고 생각하기 쉽다. 그런데 무심코 한 사소한 거짓말에 발목이 잡혀 큰 곤욕을 치른 경험이 누구나 한 번쯤은 있을 것이다. 에스파냐의 소설가이자 극작가인 세르반테스는 말했다. "정직함은 진실을 사랑하는 마음에서 나온다. 정직함은 최고의 처세술이다. 정직만큼 풍요로운 재산은 없다. 정직은 사회생활에 있어서 지켜야 할 최소한의 도덕률이다."

물론 영국의 소설가 헨리 필딩이 "역경은 원칙을 시험하는 기회이기 때문에 역경 없이 자신이 정직한지 아닌지 알 수 없다"라고 말한 것처럼, 정직은 사회에서 지켜야 할 최소한의 도덕이고 정직을 지켜나가는 과정에서 역경이 따를 수밖에 없다. 하지만 '정직이 최상의 방책이다'라는 사실에는 변함이 없다.

올바른 가치관은 인생의 방향을 가리키는 나침반

본인의 가치관을 확립하고 일을 하는 사람들을 주변에서 본 적이 있는가? 다른 사람들이 옳지 않은 일에 모두 'Yes'를 할 때, 그것이 본인의 확립된 가치관에 부합되지 않는다면 'No'를 하는 사람들. 그로 인해 필연적으로 뒤따르는 불이익도 묵묵히 감내하는 사람들. 그런 사람들의 공통점은 확고한 자기 가치관이 있다는 것이다. 자신만의 올바른 가치관은 나침반과 같이 인생의 방향을 가리킨다. 가치관에 맞지 않는 일은 과감히 정리할 수 있는 결단력과 용기를 주기도한다. 어려운 선택의 순간에는 명쾌한 기준을 제시해준다. 즉, 인생의 근본이 되는 것이다.

애플의 스티브 잡스는 매일 아침 거울을 보고 "만일 오늘이 내 인생의 마지막 날이라면 지금 하려는 일을 할 것인가?"라는 질문을 던졌다고 한다. 그는 애플에서 내쫓기고 11년이 지난 후, 망해가는 애플에 주저 없이 다시 복귀했다. 그가 요구한 연봉은 단돈 1달러였다. 그가 이런 선택을 하고 성공할 수 있었던 바탕에는 그의 명확한 가치관이 있었다. "무덤 안에서 부자가 되는 것보다 매일 밤 잠자리에 들 때 우리가 놀라운 일을 했다고 말하는 것이 더 중요하다"는 그의 말처럼 말이다.

우리는 인생을 살면서 수많은 선택의 순간에 직면하게 된다. 그래서 인생은 크고 작은 선택의 결정체라고 이야기할 수 있다. 나 역시도 직장인으로 30년을 살아오면서 수많은 선택의 기로에 섰었다. 그때마다 내가 '나'다운 결정을 하고 후회 없는 인생을 살아온 것은 내인생의 근본이 되는 가치관에 대한 뚜렷한 생각 때문이었다. 비록 그선택들이 남들이 보기에 바보스러운 일이라 하더라도, 내가 견지하는 일관된 원칙에 부합된다면 그것으로 괜찮고 후회할 일은 없다.

학창 시절에 불이익을 감수하고 지킨 '정직'이라는 가치관

명확하게 인지하지는 못하지만 사람은 누구나 본인이 지키고자 하는 가치관에 대해 자신만의 생각을 가지고 있다. 나도 마찬가지인데, 특히 무의식적으로 윤리적인 부분은 꼭 지켜야 한다는 생각을 가지고 있었던 것 같다. 내가 처음으로 가치관에 눈을 뜨고 엄청난 고민 속에서 도덕적 기준에 맞는 선택을 했던 일은 아주 오래전인 학생 때였다. 이때의 경험은 아직도 내 머릿속에 뚜렷이 남아 있다. 아직 가치관에 대한 명확한 생각은 없었지만, 옳고 그름에 대한 명확한 판단은 그때도 있었다.

어느 날 야간 자율학습 시간에 자율학습 감독인 담임선생님께서 나를 교무실로 부르셨다. 퇴근 시간을 훨씬 지난 교무실에는 나와 선생님 이외에는 아무도 없었다. 나는 교무실에서 선생님이 이끄는 대로 선생님 옆자리에 앉았다. 나는 담임선생님과의 상담시간이라고 생각하고 있었다. 예상대로 선생님께서는 공부는 열심히 하고 있는지, 또 반장으로서 어려운 일은 없는지를 물으셨다. 그렇게 몇 마디의 대화가 오가고 약간의 정적이 흘렀다.

약간의 시간이 흐른 후 선생님께서는 본인이 맡고 있는 담당 과목의 교과서를 힐끔힐끔 보면서 몇 개의 질문을 하셨다. 나는 '아, 선생님이 내가 공부를 열심히 했는지 안 했는지 검사하려고 그러시나 보다'라고 생각했다. 그런데 며칠 후였다. 월말 시험을 보는데 선생님께서 질문하셨던 것들이 시험 문제에 나와 있지 않은가. 당황스러웠다. 하지만 선생님께 왜 그러신 건지 물을 수는 없었다. 이 일은 나만의 문제는 아니었다. 야간 자율학습 시간에 교무실에 불려간 반 아이들은 나뿐만은 아니라서 서로 말은 하지 않았지만 모두들 암묵적으로 동조하고 있는 듯한 분위기였다.

다음 달이 되었다. 월말고사를 며칠 앞둔 야간 자율학습 시간에 담임선생님께서는 또 나를 교무실로 부르셨다. 걱정했던 그 일이 다시 되풀이될 것 같은 불안감을 안고 교무실로 갈 수밖에 없었다. 전과 같이 선생님께서는 나에게 몇 가지 문제를 물어보려고 하셨다. 나는 "선생님, 저한테 시험문제 가르쳐주지 마세요. 제가 열심히 해서 제 실력으로 받은 점수여야 제가 당당할 수 있어요"라고 단호하면서도 절박하게 말했다. 당황한 선생님의 얼굴을 뒤로하고 쿵쾅거리는 가슴을 안은 채 나는 교실 내 자리로 돌아왔다.

어린 십대 학생 눈에 비친 선생님은 이상한 분이셨다. 바르고 정직하게 실력을 키우고 그것으로 인정받고자 하는 학생에게 격려를 해주셔야 마땅한데, 선생님은 그러지 않으셨다. 오히려 나는 학년이 끝날 때까지 내내 담임선생님으로 인해 괴로운 시간을 보내게 되었다. 나는 정직한 사람이 되기를 원했고 그래서 잘못된 행동을 하는 담임선생님께 그것이 옳지 않음을 말씀드린 건데 그로 인해 호된 대가를 치르게 된 것이었다. 덕분에 학년 말에 담임선생님이 작성하신 〈생활기록부〉의 개인 발달상황에 나에 대한 부정적인 코멘트까지 덤으로 얻게 되었다.

어린 나이에 내가 지키고자 하는 정직이라는 가치관은 이렇게 나에게 많은 상처와 불이익을 주었다. 성인이 된 후 나는 가끔 그 시절을 되돌아보곤 했다. 하지만 다시 그때로 돌아간다고 해도 나는 똑같은 선택을 할 것이고, 또 일 년 내내 힘든 학교생활을 감당해낼 것이다.

십대 때 내 선택은 막연히 옳지 않은 것에 대한 두려움에서 비롯된 것인지 모른다. 그런데 이후 나의 경험과 지식이 쌓여가면서 점점 더 구체적으로 가치관을 확립해나갔고, 윤리적인 면에 있어서는 타협의 가치가 없다는 것을 더욱더 절실하게 느끼게 되었다.

만약 그러한 상황이 지금 다시 발생했다면 나의 선택은 그때와 같을까? 기본적으로 똑같겠지만 내가 표현하는 방식은 조금 달라졌을 것 같다. 지금 생각해보면 그 당시 '내가 좀 더 솔직하고 차분하게 말씀드렸으면 어땠을까?' 하는 아쉬움은 남기 때문이다. 선생님 입장에서는 좋은 방법은 아니었지만 선생님 나름의 방식으로 제자를 생각하는 마음에서 하신 일이었을 것이다. 나는 그때 옳지 못한 일에 대한 두려운 마음이 앞서서 순식간에 그러지 마시라고 단호하게 말을 했었다. 그 말이 그런 선생님에게는 상처가 될 수도 있다는 생각은 미처 하지 못했던 것이다. 내가 그 일로 얼마나 무서운지, 얼마나 스트레스를 받는지를 먼저 말씀드리고 선생님이 좋은 결론을 낼 수 있게 했으면 어땠을까 하는 생각을 해본다. 그랬다면, 아마 나는 일 년 내내 힘든 학교생활을 감당하지 않아도 되었을 텐데……

가치관은 그런 것이다. 내 인생의 방향이 되어주는 것, 내가 선택하는 기준이 되어주는 것, 다시 선택의 순간으로 돌아가 그 선택이 주는 불이익을 잘 알아도 결국에는 그렇게 선택할 수밖에 없게 만드는 힘이다. 이것이 올바른 가치관의 정립이 중요한 이유이다. 우리의 사회는 상당히 빠르게 변하고 있다. 오히려 이렇게 빠르게 변하는 환경에서는 주변에 휩쓸리지 않고 우리에게 귀중하고 소중한, 영원히 변하지 않는 가치관을 찾아야 한다. 그것은 우리의 일관된 의사결정과 행동원칙이 된다. 그리고 우리는 점점 시간이 지나면서 우리의 일관된 가치관을 좀 더 세련되게 표현하는 방법을 익혀나갈 것이다. 무엇보다 중요한 '나'라는 사람을 잃지 않으면서 말이다.

모두를 위해서 피드백과 평가는
솔직해야 한다

많은 경우에 "솔직히 말해봐"라는 당부를 절대로 솔직히 대답하면 안 되는 경고로 해석하곤 한다. 그런데 개인 간의 문제뿐만 아니라 특히 회사의 업무에서 당장의 어색함이나 불편함을 모면하기 위해 거짓을 말하면 평가를 받는 사람뿐만 아니라 본인도 그 대가를 치르기 마련이다.

GE 전 회장 잭 웰치는 명확한 피드백과 솔직한 평가에 대한 원칙을 가지고 있었고 이를 실천했다. 그는 "회사가 어떻게 직원들을 생각하는지, 직원들의 개선점이 무엇인지를 정확하게 알려주어야 한다. 그런데 대부분의 회사는 그렇게 하지 않는다. 그것이 마음 편하고 쉬우니까, 또 그것이 친절하다는 생각에서이다. 직원들에게 정직하지 못한 회사가 어떻게 사회에 정직할 수가 있겠는가? 이는 위선적인 친절함이다. 피드백과 평가는 무조건 솔직해야 한다"라고 경고했다.

자신의 채용이 달린, 동료 인턴에 대한 평가를 어떻게 할까?

몇 년 전, 재능기부의 일환으로 대학생들을 대상으로 하는 멘토링 프로그램에서 멘토를 맡은 바 있었다. 그때 만났던 몇 명의 멘티들 중 A가 있었다. A는 여름방학 동안 하계 인턴으로 어느 기업에 채용되었다. 두 달 동안의 인턴 생활을 마치면 그 결과에 따라 정규직 채용이 가능한 채용 연계형 인턴이었다. A가 들어간 조직에는 모두 8명의 인턴들이 있었다. 정규직 전환은 통상 50% 내외여서 8명 중에 4명 정도가 정규직으로 전환이 될 수 있었다. A는 아주 열심히 일했다. 두 달 후 인턴 활동이 마무리되어가는 시점에 A는 같이 인턴을 한 동료들에 대한 동료 평가가 있다는 것을 알게 되었다.

그때 A를 고민에 빠트린 문제가 있었다. 같이 활동을 했던 인턴 중에 B라는 인턴이 문제였다. B는 다른 인턴에 비해 나이가 조금 더 많았는데, 그래서인지 동료 인턴들을 자신의 수족 부리듯이 했다. 말 또한 너무 거칠었다. 인턴들에게 본인이 회사 관계자들과 친하다면서 확인되지 않은 인턴 평가 결과들을 이야기했다. 이는 다른 인턴들에게 정신적 충격을 주어 자신감을 떨어뜨렸다. 상사나 평가자들 앞에서는 무척이나 친근하고 공손하게 굴지만 그분들이 없을 때는 뒷담화가 일상이었다. 또 B는 인턴 마지막 평가인 임원 발표 자료도 본인이 직접 만들지 않고 외주제작을 맡겨서 진행했다. A는 그 회사의 다른 부분은 모두 만족스러웠지만 B 때문에 너무 고민이 되었다.

마침내, 인턴 기간의 마지막 순간이 왔고 동료 평가의 시간을 앞두고 있었다. B도 인턴 기간에 본인이 한 행동을 잘 알고 있기에 결과에 대해 걱정이 많았던 것 같다. 그는 인턴들에게 우리가 인턴 생활을 협력적으로 잘 마치고 서로 좋은 기억으로 남기 위해 평가를 다 잘 주자며 다른 7명의 인턴들을 설득했다. B는 A에게도 전화를 걸어 2시간 동안이나 본인의 평가를 잘 받기 위한 설득작업을 벌였다. 하지만 A의 생각은 확고했다. 회사를 위해서도 자신을 위해서도 B는 뽑혀서는 안 된다는 것. 그런데 자신이 없었다. 다른 동료 인턴들이 이미 B의 설득으로 다 좋은 점수를 주기로 한 것 같았기 때문이다.

A는 고민에 빠졌다. 다른 모든 인턴들은 B에게 좋은 점수를 주는데 본인만 사실대로 평가를 해서 나쁜 평가를 주면 오히려 불이익이 자신에게 올 수 있다는 생각까지 들었다. 혹시라도 그 이유로 본인이 정규직 채용에서 탈락될 수 있지 않을까? 정규직 채용을 바라고 두 달 동안 힘들게 견뎠던 인턴 생활 하루하루가 머릿속에서 떠나지를 않았다. 밤잠을 설쳐가며 고민을 하는 A, 이 경우 좋은 해결책은 무엇일까? 좋은 게 좋다고 다른 인턴들과 같이 B에 대해 좋은 평가를 하는 게 옳은 것일까?

인턴 기간 두 달 동안은 회사도 인턴도 눈을 크게 뜨고 상대에 대해 평가하는 기간이다. 회사는 다방면으로 해당 인턴을 정규직으로 입사를 시켜도 될지를 평가한다. 기본적인 인성은 되어 있는지, 성과를 내고 회사에 기여할 수 있는 자질이 있는지를 면밀히 들여다본다. 이는 인턴 입장에서도 마찬가지다. 이 회사가 추구하는 가치관, 내가 하게 될 일, 같이 일하는 사람들, 일하는 방식, 직장의 분위기, 인사제도 등 많은 부분들을 파악하고자 노력해야 한다. 그리고 그 회사가 내가 일할 만한 회사가 아니라고 결심이 선다면 비록 그 회사가 나를 선택했다 하더라도 "제가 원하는 회사가 아닙니다"라고 말하고 걸어 나올 수 있어야 한다.

회사는 인턴이 아닌 공채나 수시채용의 비교적 짧은 기간에 걸쳐 채용을 실시하는 경우에도 대상자를 제대로 파악하려는 노력을 면밀하게 한다. 하물며 두 달이라는 비교적 긴 기간 동안 인턴 활동을 거친 대상자들의 평가는 말할 것도 없다. 회사는 그동안 체계적인 평가 노력을 했었을 것이다. 평가 시스템이 제대로 작동되고 있는 회사라면 회사는 이미 B에 대해서 파악하고 있을 것이다. 설사 그렇지 못하다 하더라도 A는 사실대로 동료 평가를 함으로써 B가 본인의 행동에 대해 제대로 된 평가를 받게 해야 한다. 그렇게 함으로써 더 열심히 일하고 자질 있는 직원이 채용될 수 있게 해야 한다.

B의 입장에서도 솔직한 평가를 받는 것은 중요하다. 본인의 잘못된 언어 사용 습관, 태도, 일하는 방식 등 지금까지 눈 가리고 아웅 식으로 살아온 방식을 뜯어 고칠 수 있는 기회가 된다. 이를 고치지 않으면 어디에서도 받아줄 곳이 없다는 것을 깨달을 필요가 있다. B에게 제대로 된 직원으로 탈바꿈할 수 있는 기회를 주는 것이다. 즉, 정

직하게 평가를 해주는 것이 B에게도 도움이 되는 일이다. 설사 B가 채용자들의 눈을 속여 입사를 한다 하더라도 그런 인성과 생활태도로는 직장 생활에서 인정받기가 어렵다.

A는 B를 제외한 다른 6명의 인턴들과는 좋은 관계를 유지하고 있었고 6명의 인턴들 모두 성실하고 열심히 일하는 동료들이었다. 그래서 A는 다른 6명의 인턴들에 대해서는 B와는 아주 다르게 좋게 평가할 것이었다. 다른 6명에 대해서는 사실적이고 객관적이고 긍정적인 피드백을 한 A가 유독 B에 대해서만 부정적인 평가를 하게 되는 셈이다. 이때 B에 대해 부정적으로 생각하는 근거가 되는 내용은 상당히 구체적이고 사실적으로 기술되어 있을 텐데, 그 경우 회사의 평가자들이 A를 이상하다고 생각하는 일은 없을 것이다. 오히려 A를 솔직한 직원이라고 생각할 가능성이 더 크다. 여기서 중요한 점은 B에 대한 부정적인 피드백이 감정에 의한 것이 아니라 상당히 객관적이고 사실적이며 구체적이어야 한다는 것이다.

공정하고 객관적인 평가를 위한 평가자들의 노력이 필요하다

우리 주변을 살펴보면 '왜 저 사람인가?' 하는 의문이 드는 결과를 낳는 경우가 있다. 사람 됨됨이나 일하는 태도 그리고 성과에서 무엇 하나 뚜렷한 것이 없는데도 평가를 잘 받고 승진을 한다. 물론 단기적으로는 그럴 수 있다. 하지만 우리의 직장 생활과 인생은 참으로 길다. 그렇게 자신을 성장시키는 노력은 하지 않고 윗사람들에게 보이는 면에만 치중하면서 쌓은 성과는 그리 오래 가지 못하기 마련이다. 제대로 된 조직, 제대로 된 사회라면 이런 사람들은 반드시 걸러지게 된다. 그렇게 되기 위해서라도 상사나 동료에 대한 제대로 된 평가는 반드시 필요하다.

동료 평가뿐만 아니라, 인사권자로서 직원들을 평가하는 것은 무척이나 어려운 일이다. 직급이 올라가서 평가해야 할 직원들이 많아질수록 더 많은 노력을 기울여야 한다. 조직을 새로 맡게 되면 늘 직원들 개개인에 대해서 빠르게 알아가려는 노력을 시작해야 한다. 전 직원들에 대한 의견조사, 일대일 면담 등이 대표적인 방법이다. 때로는 평가자도 실수를 할 수 있다. 직원들을 다 자세히 파악하지 못해서 직원들에 대한 평가가 잘못된 경우도 있을 수 있다. 그런 실수를 줄이기 위한 노력을 지속적으로 해야 한다.

평가 전에는 사전에 합의된 평가 목표 달성을 뒷받침해주는 객관적인 데이터를 수집한다. 직원들 개인이 생각하는 자신의 성과에 대한 의견을 듣는다. 평가 후에는 평가 결과에 대해 만족하지 못하는 직원들이 면담을 요청하거나, 피드백을 요청하면 기꺼이 시간을 내어 직원들과 마주 앉는다. 그렇게 평가가 된 근거를 가급적 자세하게 설명하고 미처 평가에 반영되지 못한 부분이 없는지를 살핀다. 다음 평가에는 이전에 놓친 부분을 반영하여 더 공정한 평가가 되도록 노력한다.

평가, 승진, 신입사원과 경력사원 면접과 같은 모든 인사 행위는 회사와 당사자인 직원들에게 너무나도 중요한 일이다. 그러므로 더 많이 고민한 만큼 더 공정한 평가가 될 수 있을 것이라는 생각으로 최선을 다해야 한다. 이러한 노력은 '저 사람이 하는 평가는 믿을 수 있다. 저 사람은 항상 공정하게 제대로 된 평가를 한다'는 믿음을 만들어낸다. 이러한 믿음이 확장되면 나에게 좋은 평가를 받은 직원들은 정말 실력 있고 일을 잘하는 사람이라고 누구나 인정하게 된다. 따라서 그런 직원들은 어디에서나 중추적인 역할을 담당하게 된다. 결국 나와 같이 열심히 일한 동료와 직원들에게 주는 보너스가 되는 셈이다.

만약 A가 주변의 분위기에 떠밀려서 다른 인턴들과 같은 선택을 한다면, 정규직 채용여부와 상관없이 두고두고 후회가 되지 않을까? 작은 것이라 하더라도 나의 생각을 명확하고 솔직하게 말하는 것은 매우 중요하다. 결과가 생각만큼 만족스럽지 않더라도, 설사 그 일로 인해 나에게 불이익이 생긴다 하더라도. 그럼에도 내가 한 선택은 충분히 의미가 있고 가치가 있는 일이다. 많은 회사원들이 자신의 상급자가 직원을 평가할 때 공정성을 유지하고 있는지에 대해 민감하게 반응하면서 정작 자신은 동료 평가에서 평가 대상자를 공정하게 평가하려는 노력을 게을리하지 않는지 깊이 생각해보아야 할 것이다.

모든 평가와 피드백은 솔직해야 한다.

솔직한 평가와 피드백이 직원을 살린다

내가 새로 맡은 부서에 직장 생활을 한 지 20년을 훌쩍 넘는 직원이 있었다. 몇 달을 겪어보니 그 직원의 일하는 태도가 너무 이상하다는 생각이 들었다. 내가 부서를 맡은 몇 달 동안 그 직원은 데드라인에 맞추어 업무 처리를 한 적이 거의 없었다. 한번은 그 직원이 지원하는 고객사에서 미팅이 있어 방문한 적이 있었는데, 미팅 시간이 되어도 그 직원이 나타나지 않는 것이었다. 심지어는 고객사에 주기적으로 제출해야 하는 보고서도 늦은 적이 한두 번이 아니었다. 더 놀라운 것은 그 직원은 이러한 잘못을 아무렇지도 않게 생각했다. 나는 직원의 구체적인 잘못된 사례들을 정리하여 그 직원과 마주 앉아 이야기를 나누었다. 그 직원은 단 한 번도 나에게서 들은 피드백과 같은 내용을 들은 적이 없어서 본인이 일을 아주 잘한다고 생각하고 있었다. 내가 알려주지 않았다면 그 직원은 자신의 일하는 방식에 대해 돌아볼 기회를 갖지 못했을 것이다.

회사에 조기 퇴직 프로그램이 시행되었다. 내가 근무하는 부서에도 퇴직 대상자 명단이 내려왔다. 50대 직원 이름이 그 안에 들어 있었다. 조기 퇴직 프로그램 대상 직원과의 면담 시 참고할, 커뮤니케이션 가이드도 같이 내려왔다. 거기에는 이번 퇴직 프로그램의 취지에 대한 설명이 있었다. 직원이 맞지 않는 일을 하는 것에서 벗어나 자신에게 맞는 일을 찾을 수 있는 기회를 가질 수 있게 해주는 것이 목적이라는 내용이었다. 인사팀에게 그런 취지라면 재취업이 용이한 비교적 젊은 직원들 중 대상자를 골라야 하는 것 아니냐는 질문을 했다. 회사가 직원들에게 부족한 점을 솔직하게 알려주지 않는 것은 문제이다. 그것은 그 직원에게 개선의 기회를 빼앗아 가는 것이다. 그리고 마지막 순간에 퇴직을 권고하는 조치가 있을 뿐이다. 아마 대부분은 앞서 20년 경력의 직원처럼 본인이 일을 못한다는 이야기를 듣지 못했을 것이다.

직원 평가는 보통 상사가 부하직원들을 대상으로 하는 경우가 대부분이다. 회사에 따라서는 동료 평가 또는 360도 전방위 평가라는 방법을 활용하기도 한다. 이는 같이 일한 동료 또는 협업이 필요한 타부서 직원들이 서로를 평가하는 제도이다. 동료 평가는 평가자가 상급자가 아니고 같이 일한 동료라는 측면에서 보다 더 정확한 평가가 가능하다는 장점이 있다. 제도의 취지와 올바른 활용을 위해서라면 평가자는 늘 사실적이고 구체적이고 객관적인 평가를 하는 것이 좋을 것이다. 여러분들이라면 동료 평가를 해야 할 경우에 어떤 선택을 하겠는가?

1. 객관적이고 사실적으로 평가
2. 동료의 행위와 관계없이 좋은 게 좋은 것이라고 좋게 평가하거나, 나의 경쟁자가 좋은 평가를 받는 것이 싫어서 나쁘게 평가
3. 평가받는 사람과 하는 사람이 같이 협의하여 서로 좋은 평가를 주고받는 평가
4. 동료의 일하는 방식이나 태도는 안 좋지만, 다른 동료들은 다 좋게 평가하는데 나만 사실대로 나쁘게 평가하면 다른 사람들이 나를 이상한 사람이라고 생각할 수 있어서 마지못해 좋게 평가

열심히 일하는 사람에게는 그에 맞는 좋은 평가를 해서 그 사람에게 더욱 동기를 부여해야 한다. 그렇지 않은 사람은 사실대로 평가를 해서 본인의 좋지 않은 평가 결과로 책임질 기회를 주는 것이 좋다. 그의 일하는 방식이 잘못되었음을 인지하게 하여 행동의 변화를 가져오게 만들어야 한다. 이를 통해 더 나은 직장인이 될 수 있는 기회를 주는 것이다. 이것이 본래 평가의 취지에 맞는 방식이다. 이론적으로는 누구나 다 그렇게 알고 있을 것이다. 그런데 현실은 그렇지 못한 것 같아 안타깝다.

우리에게 진정 의미 있는
가치관이란 무엇인가

　우리가 무엇인가를 소비할 때 어떤 경우에는 '가성비'를 따지고 다른 경우에는 '브랜드'를 고려하곤 한다. 주어진 상황에서 최선의 것을 선택하려는 것인데, 이는 기회가 유한하기 때문이다. 마찬가지로 인간의 생은 유한하며 우리가 이를 늘 자각한다면 우리에게 진정 의미 있는 가치를 생각하게 된다. 나는 어떤 사람이고 싶은가? 그리고 어떤 사람으로 기억되고 싶은가? 이러한 질문을 염두에 두고 인생을 살아간다면 인생에 바람직한 변화를 가져올 수 있다. 여러분 주위에 존경할 만한 사람이 있다면 그가 어떤 사람인지 한번 생각해보자. 분명히 그는 곧고 올바른 자신만의 건전한 원칙이 있을 것이다. 그것은 다른 사람이 인정하는 그 사람만의 차별점이 된다. 그리고 그 차별점은 시간이 지나면서 그만의 브랜드가 된다.

좋은 가치관은 과정을 중요시한다

좋은 가치관이 무엇인지 궁금하다면 마크 맨션의 저서 《신경 끄기의 기술》에서 다음과 같은 구절을 되새겨볼 필요가 있다.

"삶을 살아가며 나름의 가치를 스스로 선택하고 있다는 이 단순한 사실이 이미 당신을 아름답고 성공적이며 사랑받는 사람으로 만들어주고 있다. 심지어 당신이 깨닫지 못했을지라도, 심지어 당신이 배를 곯으며 시궁창에서 자고 있다 하더라도."

"좋은 가치는 현실에 바탕을 두고 사회에 이로우며, 직접 통제할 수 있다. 나쁜 가치는 미신적이고, 사회에 해로우며, 직접 통제할 수 없다. 정직은 좋은 가치다. 왜냐면 완전히 통제할 수 있고, 현실을 반영하며, 타인에게 이롭기 때문이다. 반면에 인기는 나쁜 가치다. 인기가 당신의 가치라면, 그리고 댄스파티에서 최고로 인기 있는 사람이 되는 게 그 기준이라면, 우선 많은 일이 당신의 통제 밖에 있게 될 것이다."

마크 맨션의 말처럼 좋은 가치관은 현실에 바탕을 두고, 사회에 이로우며 직접 통제할 수 있고 과정 지향적이다. 사장이 되는 것, 부자가 되는 것 이러한 것은 좋은 가치라고 말할 수 없다. 사장이 되는 순간, 부자가 되는 순간 그 가치는 끝나기 때문이다. 하지만 정직 이라는 가치는 어느 한순간 완결되는 가치가 아니다. 인생 전반에 걸쳐, 이를 추구해나가는 과정을 통해 이루어가는 가치이다. 우리가 삶을 사는 데 밑거름이 될 수 있는 가치이다. 우리는 이런 가치를 찾아야 한다.

우리가 어떤 가치를 선택하든 그 가치를 지켜나가는 과정이 그리 쉬운 길은 아닐 것이다. 때로는 우리가 지키고자 하는 원칙으로 인해 손해를 볼 수도 있다. 때로는 보이거나 보이지 않는 압력에 의해 고통스러울 수도 있다. 그러나 단언컨대 올바른 가치는 그럴 만한 가치가 있다. 우리가 선택한 가치관을 지켜나가기 위해 보여주는 일관성과 결연한 태도는 오히려 여러분을 주변 사람과 차별화해줄 것이다. 그리고 반짝반짝 빛나게 해줄 것이다.

기본에 충실하기 위해 자갈길을 선택해야 할 때도 있다

유명한 요식업 CEO 백종원은 요리나 식당 운영에 있어 항상 기본기를 강조한다. 마찬가지로 도쓰카 다카마사는 그의 저서 《세계 최고의 인재들은 어떻게 기본을 실천할까》에서 기본의 중요성을 강조하고 있다. 그가 말하는 세계 최고의 인재들이 실천하는 기본은 무엇일까? 그는 기본을 '일의 성과를 좌우하는 가장 본질적이고 가장 중요한 것, 많은 사람들이 이미 잘 알고 있는 것, 그리고 간단하다고 생각하지만 꾸준히 실천하기 어려운 것'으로 정의한다. 사실 기본의 중요성은 우리 모두가 이미 잘 알고 있다. 무엇이 기본인지에 대해서도 각자가 나름 생각하는 것이 있을 것이다. 더군다나 기본을 어떻게 실천할지에 대한 어느 정도 방향성은 가지고 있을 것이다.

일을 하는 데 있어서 기본에 충실하다는 것은 요령이나 꾀를 피워서 단기적인 성과만을 바라는 것이 아니다. 자신이 한 일을 부풀리거나 포장하는 것도 아니다. 오히려 성과를 낼 수 있는 기본이 되는 실력과 습관들을 차곡차곡 쌓아간다는 의미로 해석된다. 모래에 지어진 사상누각이 아니라 기초공사를 튼튼히 하고 그 위에 하나씩 쌓아 올려가는 집에 비유할 수 있다. 회사에서 기본에 충실하면서 생활하는 일은 단기간에 성과가 나지 않을 수 있다. 누가 알아주지 않을 수도 있다. 그 길은 힘들고 외로울 수도 있다. 하지만 기본을 꾸준히 실천해나가다 보면 반드시 좋은 집을 지을 수 있다.

성공에 대한 정의는 각자가 다를 수 있다. 하지만 올바른 생각으로 우리가 가진 원칙을 하나씩 실천하다 보면 반드시 성공을 이룰 수 있다. 내가 세운 원칙과 나의 가치관을 믿어야 한다. 그리고 필요하다면 쭉 뻗은 고속도로를 벗어나 울퉁불퉁한 자갈길을 선택할 수도 있어야 한다. 우리가 선택한 그 길은 다소 느릴 수는 있지만, 주변의 아름다운 풀과 나무를 보면서 목적지를 향하는 마음 편한 여행이 될 것이다. 기본을 실천하는 핵심은 바로 우리 자신의 꾸준한 노력이다.

올바른 가치관을 위해 고려해야 할 요소들 - 주도성, 책임감, 신뢰, 사명감

● 주도성

스티븐 코비는 그의 저서 《성공하는 사람들의 7가지 습관》에서 삶의 주도성을 제1 습관으로 이야기한다. 그는 "자신의 삶을 주도하라. 주변 여건이 아닌 자신의 의사로 결정하고 책임을 지는 습관이 중요하다"라고 말한다. 세상에 100%의 확신을 가지고 선택할 수 있는 일은 거의 없다. 우리는 매 순간 선택의 시간을 경험할 것이고, 나의 원칙, 가치관을 근거로 내가 주도적으로 판단한다면 후회도 없고, 결과에 대한 책임도 기꺼이 질 수 있을 것이다.

우리가 보통 스트레스를 받거나 힘들어하는 이유는 나에게 주어진 문제를 나의 힘으로 해결할 수 없기 때문이다. 이 경우 분명 나에 대한 일인데 그 결정권이 타인에게 있을 때가 대부분이다. 즉, 우리의 통제 범위를 벗어났을 때 우리는 힘들어진다. 이를 극복하기 위해, 우리 삶에 주도권을 가지고 나에 대한 일은 내가 통제한다. 그리고 그 책임을 기꺼이 내가 지도록 한다. 나에 대한 칼자루를 타인에게 넘기지 말고 내가 쥐고 가보자. 내 인생의 주도권은 나한테 있다는 것을 인지하고 매사에 책임을 다하자. 이렇게 하면 직장에서의 일이 그다지 힘들지 않을 것이다.

입사시험, 평가, 승진 이러한 것들은 타인이 나에 대해서 결정권을 행사하는 대표적인 사례들이다. 좋은 결과를 얻기 위해 갖은 노력을 하지만 무엇보다 중요한 사실은 건전한 가치관을 가지고 기본에 충실하면서 최선을 다하여 노력하는 것이다. 당장은 별다른 도움이 안 되는 것처럼 보일지 몰라도 결국 그러한 노력으로 인해 좋은 결과를 맺을 수 있다. 타인의 평가는 그냥 받아들이되 그 결과에 대한 반성과 책임은 우리의 몫이다. 이때, 우리가 하는 반성과 책임은 입사시험에 탈락했다거나 승진에 누락된 결과에 대한 책임이 아니다. 우리의 노력에 대해서만 반성과 책임을 지면 되는 것이다. 우리는 최선을 다할 뿐 결과는 받아들이면 된다.

● 책임감

자신에 대해 일어나는 모든 일들에 대한 주도권을 자신이 갖는다는 것은 삶에서 일어나는 모든 일에 대한 책임도 자신이 진다는 의미이다. 대체로 그렇게 하는 것이 마음 편하다. 물론 외부 환경으로 인해 내가 통제할 수 없는 일들이 생기는 경우도 있다. 그렇다 하더라도 그것에 대한 대응을 어떻게 할 것인지는 내가 결정할 문제이다. 따라서 그로 인한 책임도 나에게 있는 것이다. 내 삶의 주도권과 그로 인한 책임은 모두 나한테 있다.

나는 인사혁신처의 정부 헤드헌팅 1호 여성 고위 공무원으로 발탁되어 공무원이 되었다. 내가 근무한 기관은 행정안전부 소속기관이었다. 근무를 시작한 지 한 달 후에 직원들 승진 심사를 진행했다.

이미 계획한 대로, 그동안의 인사평가 방식인 연공 서열 방식이 아닌 성과 중심의 인사를 실시한 것이었다. 승진 심사를 마치고 정해진 프로세스에 따라 인사팀에서는 행정안전부 인트라넷 공지란에 승진 결과를 게시했다. 그리고 얼마 지나지 않아 행정안전부 익명게시판에는 공무원들의 비판 글들이 넘쳐났다.

연공 서열을 중시하는 공무원 사회에서 성과 중심의 발탁 승진을 시행한 것이 문제라면 문제였다. 발탁 승진으로 인해 기존 승진자들의 평균 승진 연수보다 4년 이상 빠른 승진자를 배출한 것이다. 행정안전부 본부 소속이 아닌 소속기관에서 본부보다 빠른 승진이 나온 데에 대해 행정안전부 내 타 조직 직원들의 불만이 많았다. 부임한 지 얼마 되지 않은 기관장이 무엇을 알아서 이런 파격적인 인사를 단행하는지에 대한 의심의 눈초리도 있었다. 이로 인해 행정안전부 익명게시판에서는 기관장인 나에 대한 인신공격성 악성 글들이 넘쳐났다. 그들에게 나는 연공 서열이라는 공무원의 질서를 무너뜨린 이방인이었다.

인사권은 기관장인 나에게 있었고, 인사 규정 프로세스를 철저히 준수하여 승진 심사를 진행했다. 승진을 할 만한 역량과 성과를 가진 직원을 평가해내는 데 한 달은 그리 짧은 기간이 아니었다. 성과 중심의 인사는 우리 기관이 더 발전적인 조직으로 탈바꿈하기 위해 꼭 필요한 조치였다. 전 직원 설문조사를 통해 파악된 대다수 직원들의 희망사항이기도 했다. 그때 내가 가진 원칙은 연공 서열이 아닌 성과와 역량 중심의 평가를 한다는 것이었다. 이것은 그 후에도 내가 기관장으로 재직하는 동안 쭈욱 지켜진 조직의 일관된 인사 원칙이었다.

만약 승진 심사에서 문제가 발견된다면 책임은 나에게 있다. 우리 기관이 아닌 곳에서 일어나는 익명게시판의 난도질이 가슴 아프긴 했으나, 이 부분은 내가 어떻게 할 수 있는 일이 아니었다. 다만 익명게시판을 통해 공개 질의를 하거나 인신공격성 비방 글들에 대해 내가 어떻게 대처하는지는 나의 선택이었다. 나는 그 당시 아무런 대응을 하지 않았다. 무대응, 그것이 내가 선택한 소통방식이었고 그로 인한 비난도 나로서는 어쩔 수 없는 일이었다. 그때 깨달았다. 환경은 내가 쉽게 바꿀 수 있는 일이 아니다. 하지만 주어진 환경에 대해 내가 대처하는 방식은 온전히 내 몫이다.

● 신뢰(예측 가능성, 일관성)

유아교육에서는 아이의 가치관에 혼란을 주는 가장 좋지 않은 부모 유형을 일관성 없는 부모라고 이야기한다. 부모 자신의 기분에 따라 좌우되는 부모를 일컫는다. 아이의 같은 행동에 대해 어떤 때는 기분 좋게 웃어넘기다가도 어떤 때는 불같이 화를 내는 부모는 아이의 가치관 형성에 악영향을 끼친다. 아이와 신뢰 관계 형성도 어려워진다. 일관성 없는 직원, 리더도 마찬가지이다. 그 사람의 원칙과 기준이 일관성이 있고 말과 행동도 일관성이 있어서 예측이 가능할 때 신뢰가 쌓인다. 이렇게 일관된 원칙과 기준으로 일을 하고 모두를 대하면 그것 또한 나의 브랜드가 된다.

우리가 하는 의도치 않은 실수는 충분히 다시 회복 가능한 것이 대다수이다. 우리가 한 실수를 인정하고 앞으로 그러지 않도록 하면 된다. 반면에 한 번 잃으면 이를 회복하는 데 대단히 오랜 시간이 걸리는 것이 있다. 바로 신뢰이다. 이러한 신뢰는 솔직함, 정직으로부터 시작된다. 우리는 상대가 솔직하고 정직하다고 느낄 때 상대에 대한 신뢰감이 싹튼다. 그렇게 싹튼 신뢰감은 예측 가능하고 일관성 있는 행동으로 지속된다. 정직하고 솔직한 행동이 일관성 있게 지속되고 그래서 타인이 그 사람의 행동을 예측 가능함으로써 신뢰감을 계속 유지할 수 있다.

지난 30년 동안 직장 생활을 하면서 반짝반짝 빛나는 훌륭한 직원들을 많이 만났다. 그중 유독 눈에 띄는 직원 A가 있었다. 그는 내가 맡고 있는 조직의 기획팀에서 일을 하고 있었다. 어느 날 각 조직의 비즈니스 현황과 전략에 대한 발표를 하는 임원 회의가 예정되었다. 회의 주관은 부사장님이었다. 부사장님은 회사 내에서 높은 기준을 가진 분으로 유명한 분이고 뭐든 쉽게 만족하는 법이 없었다. 회의 분위기도 상당히 안 좋을 것으로 예측되었다. 참석한 임원들 모두가 긴장하는 가운데 발표가 진행되었고 다행히 나의 발표는 순조롭게 끝났다.

회의 후 저녁을 먹는 도중에, 그 회의를 주관한 부사장님 조직의 실무 직원을 만나게 되었다. 그는 우리 조직의 A가 여러 차례 연락을 해왔다고 나에게 전했다. 나의 발표는 잘 끝났는지, 부사장님이 특별히 코멘트하신 내용이 있었는지를 자세히 물었다고 한다. 아마 다음 발표 내용을 수정 보완하고 본인이 맡고 있는 일을 더 잘하기 위해서 필요한 정보였을 것이다. A라면 충분히 그러고도 남을 직원이었다. A는 그런 직원이었다. 부족한 부분은 빠르게 인정하고 피드백을 챙기고 이를 다시 반영하는 것까지 늘 완벽하게 해내는 직원이었다.

다음 해 A는 나의 추천으로 회사에서 보내주는 해외 MBA 대상자로 선정되었다. 그가 부탁한 MBA 입학 추천서에 나는 그가 했던 일의 구체적인 사례들을 적어주었다. 그가 얼마나 일을 책임감 있게 하는 직원인지, 그리고 조직의 리더로서 그의 일관된 일처리 방법을 얼마나 신뢰하는지도 적었다. 다행히 A는 본인의 노력으로 좋은 학교로부터 입학허가서를 받았다. 그리고 가족들과 함께 뉴욕으로 유학을 떠났다. 나는 그가 그곳에서도 최선을 다할 것이고 좋은 경험을 하고 돌아올 것이라는 것을 믿었다.

● 사명감

올바른 가치관은 사회에 이롭다고 한다. 우리가 올바른 가치관을 수립한다면 이미 이 사회에 대한 사명감을 갖고 있는 것이나 마찬가지다. 그것이 테슬라 CEO인 엘론 머스크처럼 인류의 에너지 문제를 해결하기 위해 화성을 간다거나 하는 거창한 일이 아니어도 좋다. 우리가 하는 일 하나하나가 자신만이 아닌 이웃과 사회를 위한 것임을 인지하고 이를 위해 행동해나가면 되는 것이다. 만약 다른 사람의 피해는 아랑곳하지 않고 자신만을 위한 선택을 하게 된다면 잘못된 가치를 따르는 것이다. 왜냐하면 이는 필연적으로 윤리적인 문제에 부딪치게 되기 때문이다. 나 자신에 대한 자신감을 갖고 내가 정한 올바른 가치관을 실현해나가는 사람들에게 사명감은 중요한 덕목이다.

대기업에서 임원으로 재직 중에 인사혁신처로부터 연락을 받았다. 내가 가진 역량과 전문성이 필요한 국가 기관이 있다고 했다. 그 기관의 기관장으로 일을 하는 게 어떠냐는 제의였다. 나는 그때까지 28년 동안 민간 ICT 분야에서 일을 하면서 전문성과 리더십을 길러 왔다. 공무원은 나와는 거리가 먼 일이었고 꿈에도 공무원이 된다는 생각을 해본 적이 없었다. 민간회사에서만 거의 30년을 일했는데, 내가 공무원 조직에서 성과를 낼 수 있을까 하는 걱정이 컸다. 지방 근무로 인해 가족들과 떨어져 지내야 하는 문제, 연봉이 많이 줄어드는 문제도 있었다. 그런데 내가 이직을 결심하게 된 계기가 있다.

나는 KAIST 학부과정 1회 졸업생이다. 학교가 소재한 대전에서 기숙사 생활을 하면서 대학을 다녔다. 대학 4년 동안 국가로부터 재정적인 지원을 받았다. 수업료, 기숙사비, 식비 등은 다 면제되었다. 심지어는 학점에 따라 매달 장학금도 받을 수 있었다. 어려운 가정 형편에 이러한 지원은 나에게 상당히 큰 혜택이었다. 처음 인사혁신처로부터 공무원 제의를 받고 고민이 컸다. 그런데 내가 근무하게 될 기관이 대전에 있다는 이야기를 들으며, 어쩌면 내가 대학 4년 동안 국가로부터 지원받은 것에 대한 마음의 빚을 갚을 수 있는 기회인가 싶은 마음도 들었다.

2017년 1월 31일은 공직에 들어가기 위해 사표를 낸 회사에서 근무하는 마지막 날이었다. 나는 부임한 지 얼마 되지 않은 사장님과 면담을 위해 마주 앉았다. 그때까지 그 회사에서 임원이 자발퇴사를 하는 것은 흔한 일이 아니었다. 왜 정부 기관에 가는 것인지 사장님이 물었다. 그에 대한 나의 답변은 "대기업은 연봉도 많이 주고 혜택도 많아서 능력 있는 임원을 뽑기가 수월합니다. 반면에 제가 가려는 기관은 일하기 힘든 기관이기도 하고 연봉 수준도 대기업 임원에 비하면 많이 낮습니다. 그래서 능력 있고 전문성 있는 사람을 뽑기가 어려우니 제가 갈 수밖에 없습니다"였다. 그러자 사장님은 정부 기관의 임기가 끝난 3년 후 다시 회사로 돌아오기를 바란다는 이야기를 했다. 그렇게 나는 다니던 회사를 떠났고, 다음날 임명장을 받고 공직에 취임했다.

고민 끝에 선택한 길에 대해서 내 주변의 사람들은 모두들 "왜?"라는 질문을 했다. 분명, 보통 사람들과 다른 결정을 한 거니까 당연했다. 퇴직한 임원이 아닌 현직에 있는 임원이 잘 다니고 있는 회사를 버리고 공무원 조직으로 들어가는 것이 일반적인 결정은 아니라고 생각하는 듯했다. 비록 선택을 하기까지 고민은 컸으나 분명 내가 한 선택은 나의 가치관에 부합되는 일이었다. 나는 그 당시 주어진 임기 3년 동안 개인적인 불편함을 감내하고 최선을 다해보겠다는 용기와 사명감이 충만했다. 그리고 주어진 기간 동안 내 개인적인 경험의 확장을 위해서도 많은 노력을 할 것을 다짐했다.

여러분들은 현실에 바탕을 두고 사회에 이로우며 통제 가능하면서 과정 지향적인 가치관을 가졌는가? 만약 그렇다면 여러분들이 통제 가능한 가치관은 여러분의 주도로 인생을 설계할 수 있게 할 것이다. 또한 이에 대한 책임도 당연하다고 느낄 것이다. 개인적인 이해와 사회적인 이해의 충돌에서 여러분들은 올바른 선택을 하게 될 것이다. 그리고 이러한 가치관을 실행해나가는 과정에서 일관성 있는 여러분의 태도는 신뢰를 받기에 충분할 것이다.

이렇게 인생의 의미를 이해하고 올바른 가치관을 가지고 기본을 충실히 수행해나가다 보면 자신감이 저절로 생기게 된다. 이러한 원칙을 가지고 우리 앞에 놓인 수많은 문제들을 하나하나 해결해나가다 보면 자신감은 더욱더 커질 수밖에 없다. 마음속 자신감이 행동으로도 표현되어 당당해지고 표정도 여유로워진다. 내 인생에 놓인 일들을 내가 해결하지 못할 것은 없다는 굳은 의지도 생긴다. 이렇게 하는 동안 성공은 이미 우리 앞으로 와 있을 것이다.

모든 변화는
'나'부터 출발한다

입시를 준비하는 수험생에게 유용한 것이 바로 '오답 노트'이다. 자신이 무엇을 제대로 모르는지 알아야 공부할 방향을 가늠할 수 있다. 마찬가지로 대부분의 일은 나에 대해서 잘 아는 것부터 시작해야 한다. 실패했을 때도 그 원인을 나한테서 먼저 찾아야 한다.

성공의 길로 들어서는 것은 어려운 일이 아니다. 나의 마음을 바꾸고 행동을 바꾸고 습관을 바꾸고 성격을 바꾼다. 나를 객관적으로 바라본다. 내가 할 수 있는 것, 할 수 없는 것을 잘 안다. 이렇게 나에 대해서 잘 알면 전략을 수립할 수 있다. 매일매일 성장하는 내가 될 것이다. 타인의 시선을 너무 의식하지 않는 것은 좋으나 타인을 나의 경쟁자로 삼아서 그들을 비난해서는 안 된다. 그들을 나의 핑곗거리로 삼아서도 안 된다. 나에게 집중하고 그들을 인정하고 그들과 같이 성장하고 위로하는 길을 가자.

변화를 위해 메타인지가 필요한 순간

공부 잘하는 학생들이 공통적으로 보여주는 특성 중 '메타인지'가 있다. 메타인지는 내가 무엇을 아는지 알고 내가 무엇을 모르는지도 아는 것이라고 한다. 다시 말해 자신을 객관화해서 볼 수 있는 능력이다. 공부 잘하는 학생들은 내가 아는 것과 모르는 것을 분명히 알기 때문에 그에 맞는 학습 전략을 세울 수 있다. 즉, 본인이 모르는 부분에 대한 심화 학습 등을 통해 학습 능률을 높이고 공부를 더 잘할 수 있다는 이야기다.

EBS 부모특강 〈0.1%의 비밀〉이라는 프로그램에서 바너드 칼리지 심리학교수인 리사 손은 메타인지에 대해 두 가지 단계를 이야기했다. 바로 모니터링과 컨트롤이다. 모니터링은 내가 알고 있는 것을 알고, 모르는 것을 아는 메타인지의 첫 단계이다. 컨트롤은 모니터링을 바탕으로 어떻게 할지 결정하고 방향을 설정하는 단계이다. 우리는 일상에서 항상 메타인지를 사용한다. 내가 무엇을 아는지 아는 것도 중요하고, 무엇을 모르는지 아는 것도 중요하다. 내가 모르는 것을 알면 해결할 수 있는 방법을 찾을 수 있다. 모르는 것을 알고 다음 단계로 넘어가는 힘이 된다. 모든 배움은 메타인지로부터 시작된다.

비단 공부뿐만이 아니라 일을 하는 데도 메타인지는 중요하다. 내가 할 수 있는 일과 할 수 없는 일을 구분해내는 객관적 자기 인식이 필요하다. 내가 좀 더 노력하면 할 수 있는 일, 다른 사람의 도움을 받아서 할 수 있는 일, 지금 나 혼자서 하기 어려운 일들에 대한 빠른 판단을 해야 한다. 그리고 각각에 대해 맞는 전략을 세워야 한다. 이렇게 메타인지를 높여가다 보면, 일에 있어서 확실한 사람이 될 것이고 내가 할 수 없는 일을 끌어안고 끙끙대며 시간만 흘려보내는 일은 없게 된다.

승자효과라는 말이 있다. 성공이 성공을 불러일으킨다는 말이다. 즉, 성공을 한 경험이 있는 사람이 다시 성공할 확률이 높다는 이론이다. 영국의 트리니티 대학교 심리학과 이안 로버트슨 교수는 그의 저서 《승자의 뇌》에서 성공은 남성호르몬인 테스토스테론 수치의 상승을 불러일으킨다고 했다. 상승한 테스토스테론은 더욱 지배적인 행동을 불러일으키고, 도파민 수치를 올려준다. 상승한 도파민 수치는 성공에 대한 동기를 높여주고 더 많은 성공을 하게 된다고 한다. 이는 승자효과의 긍정적 측면이다.

반면에 승자효과의 부정적 측면도 있다. 승리가 계속되다 보면 사람은 자신이 할 수 없는 것도 할 수 있다는 잘못된 생각을 품게 된다. 뇌 자체가 화학적으로 변하여 자만과 무모함이 오는데 이를 부정적 승자효과라고 한다. 부정적 승자효과는 인생에서 위험한 요인이 될 수 있다. 승자효과에 도취되어 지금껏 인생에서 쌓아온 것들을 한 번에 날려버릴 가능성이 있기 때문이다. 그래서 부정적 승자효과를 제어하는 것이 중요하다. 바로 메타인지가 필요한 순간이다. 자신의 모습을 최대한 객관적으로 바라보아야 하고 이렇게 함으로써 메타인지가 올라가게 된다.

옛말에 "지피지기면 백전백승이다"라는 말이 있다. 무엇보다 우선이 되어야 하는 것은 나를 아는 것이다. 본인이 모른다는 것을 모르는 경우도 있지만, 모른다는 것을 인정하기 싫어하는 경우도 있다. 사실, 모른다는 것을 인정하는 것은 어려운 일이다. 그런데 모른다는 것을 인정하지 못하면 다음 단계로 가지 못한다. 메타인지의 시작과 끝은 모두 나 자신이다. 실패를 했을 때에도 우리는 그 실패의 원인을 분석해야 한다. 대부분의 사람들은 실패의 원인을 나 자신에게서 찾지 않고 다른 데서 찾는다. 실패를 했을 때도 나 자신이 부족한 부분이 무엇인지 냉정하게 반성하고 그에 따른 전략을 수립해야 한다. 반성이 부족하면 메타인지 수준을 낮추게 되고 이는 잘못된 전략으로 귀결된다. 진정한 변화와 성장은 나 자신으로부터 출발한다.

태도를 바꿔 자신의 삶을 바꿀 수 있다

지금 직장에서 여러분 앞에 놓인 가장 큰 고민은 무엇인가? 직장에서 상사, 동료, 다른 사람들로 인해 스트레스를 받고 있는가? 그 사람들의 기대에 부응하려는 마음, 나를 더 돋보이게 하려는 마음으로 힘이 드는 건 아닌가? 그들에게 좋은 사람으로 인식되고 싶어서 힘이 드는 건 아닌가? 거절할 순간에 거절을 하지 못해서 힘이 들고 있는 건 아닌가? 타인의 기대와 그들로부터의 인정을 우리의 인생에서 가장 중요하게 생각하는 순간 우리는 우리 삶의 방향을 놓아버리는 셈이다. 각자가 이루고자 하는 올바른 가치를 따라가는 인생에는 타인에게 내어줄 방은 없다. 타인에게 휩싸여 일희일비하며 인생을 허비할 시간도 없다. 우리가 정한 길을 묵묵히 걸어갈 뿐이다. 나 자신을 변화시키면서 말이다.

> "우리 세대의 가장 큰 발견은 인간이 태도를 바꿔 자신의 삶을 바꿀 수 있다는 것이다."
> "생각을 바꾸면 행동이 바뀌고, 행동이 바뀌면 습관이 바뀌고, 습관이 바뀌면 성격이 바뀌고, 성격이 바뀌면 어려운 일이 없다."

모두 근대 심리학의 창시자로 일컬어지는 미국의 심리학자 윌리엄 제임스가 한 말이다. 우리 인생에서 겪게 되는 모든 일들은 사실 우리가 어떻게 생각하고 행동하느냐에 따라 달라진다는 것이다. 모든 변화가 나로부터 출발한다는 의미이기도 하다.

《신경 끄기의 기술》,《미움 받을 용기》그리고《나는 까칠하게 살기로 했다》와 같은 책들의 공통된 메시지는 나에게 집중하자는 이야기이다. 사실, 남들은 내가 생각하는 것만큼 나에게 관심이 많지 않다. 게다가 끝없이 남에게 맞추어 사는 인생이 행복한 인생은 아닐 것이다. 여기서 한 발 더 나아가서 여러분도 다른 사람에게 신경을 끄는 것이 필요하다. 나의 사정을 다 알지 못하는 다른 사람들로부터 무조건적인 비평을 받는 것이 싫듯이 남도 마찬가지이다. 남이 나의 사정을 다 알지 못하듯이 나도 다른 사람에 대해 다 알 수는 없는 법이다. 그러니 그들도 나와 같이 훌륭한 인격을 가진 사람이라는 것을 믿어야 한다.

이 책의 주제인 '나를 잃지 않고 일하는 방법'은 온전히 나만을 지키며 일하는 방법이 아니다. 나를 지키며 일하는 것은 자칫 이기적이고 외골수로 빠지기 쉽다. 이것은 절대 나를 지키며 일하는 방법이 아니다. 진정한 나를 지키며 일하는 방법은 나도 지키고 남도 지켜주어야 한다. 그랬을 때 비로소 나를 지키며 일할 수 있게 된다. 건전한 직장인으로서 서로를 존중하면서 말이다.

내가 타인으로부터 스트레스를 받으면 혹시라도 나도 다른 사람에게 스트레스를 주는 것은 아닌지 생각해보아야 한다. 그러니 다른 사람들에 대해 신경 끄는 것도 중요하지만, 내가 다른 사람을 나름의 생각이 있고 인격을 가진 인격체로 믿고 대우하고 있는지 먼저 생각해보아야 한다. 나에게 집중하고 더 나아가 상대방에 대한 나의 마음가짐과 태도를 바꾸어보자. 내가 싫은 것은 남도 싫은 법이니까.

과거의 나와 경쟁한다

내가 일하는 본부에 인턴들이 들어왔다. 인턴들과 인사를 하고 환영 점심 식사를 같이하게 되었다. 인턴 중에 한 명이 나에게 물었다. 인생을 살면서 대기업 임원이 되기까지 특별한 목표가 있었는지? 마음에 두고 있는 좌우명 같은 것이 있는지? 신입사원이나 인턴사원들에게 가끔씩 듣던 질문이었다. 사실 나는 특별히 어느 자리까지 가겠다고 생각한 적은 한 번도 없었다. 다만 나는 이런 사람이 되어야겠다는 생각은 늘 하고 지냈다. 자신의 책임을 다하는 사람, 내가 있음으로 인해서 조직과 사회에 도움이 되는 사람, 날마다 성장하는 사람.

지금까지 나의 좌우명으로 생각하고 살아온 글귀는 '어제와 다른 오늘의 나'이다. 이 글은 매일매일 성장하고 싶은 나 자신의 생각을 대변하는 글이었다. 타인을 의식할 필요 없이 그냥 나 자신의 부족한 점을 채우고 점점 더 나은 사람이 되고 싶었다. 과거에 하지 못했던 경험을 오늘 한다. 과거에 알지 못했던 지식을 오늘 안다. 과거에 알지 못했던 나의 생각을 오늘 알아낸다. 과거에 하지 못했던 행동을 오늘 한다. 오늘의 나의 경쟁자는 과거의 나 자신뿐이었다.

타인과 경쟁하지 않고 자신과 경쟁하면 얻을 수 있는 장점이 많다. 나 자신에게 보다 더 집중하게 되고 나를 제대로 바라볼 수 있게 된다. 불필요한 경쟁에 휘말리지 않고 내가 설정한 목표를 향해 차분히 나갈 수 있다. 어제보다 새로운 경험, 새로운 생각, 새로운 글 하나 하나에 의미를 두게 되고 나날이 조금씩 나아지는 나를 느끼며 뿌듯한 기분을 느낄 수 있다. 남과의 경쟁을 하면 뒤처질 때마다 스트레스를 받게 되는데, 그럴 필요가 없다. 남이 잘 되는 것을 보고 박수를 쳐주고 나 자신도 더욱더 성장할 수 있도록 채찍질하면 된다.

타인과의 경쟁은 자칫 과도한 경쟁심을 유발하여 타인에 대해 경계심을 갖게 만든다. 결국 이러한 마음이 행동으로 나타날 것이고 상대방과의 관계에도 좋지 않은 결과를 초래한다. 극단적인 경우이긴 하지만, 얼마 전 뉴스란을 장식했던 안타까운 사건도 모두 타인과의 경쟁에서 빚어진 좋지 않은 사례였다. 한 경찰관이 자신과 관련된 익명의 투서로 인해 감사를 받던 도중 억울한 마음에 자살하는 일이 있었다. 그런데 투서의 내용은 모두 근거 없는 내용이었고 심지어 그 투서를 보낸 사람이 바로 고인과 가장 가깝게 지내던 동료 경찰이었다. 이는 승진에 대한 경쟁심으로 빚어진 참사였다. 나는 나대로 괜찮은 사람이니, 굳이 남과 비교하면서 나 자신을 힘들게 할 필요는 없다. 매일매일 나 자신의 성장을 지켜보면서 어제보다 나은 오늘의 내가 되도록 노력하는 자세가 필요하다.

모든 일의 출발은 나부터 시작되어야 한다. 나 자신에게 집중한다. 타인이 보는 나보다는 내가 보는 나가 더 중요하다. 메타인지를 높여 나에 대해 솔직하게 들여다본다. 내가 아는 것과 내가 모르는 것을 파악해내고, 내가 모르는 부분을 어떻게 배워 나갈 것인지 전략을 세운다. 과거의 나와 경쟁하면서 오늘의 내가 더 성장할 수 있도록. 그리고 타인을 타인 그 자체로 존중하고 인정한다. 그들은 나의 경쟁상대가 아니다. 알고 보면 그들은 나름의 아픔과 힘듦이 있는 나와 같이 동시대를 살아가는 동료들인 것이다.

나의 가치관뿐만 아니라
회사의 가치관도 중요하다

큰돈을 얻는 대가로 감옥에 갈 수 있겠냐는 설문에 의외로 많은 사람들이 '그렇다'고 대답해서 이슈가 된 적이 있다. "개처럼 벌어서 정승처럼 쓴다"라는 속담도 있지만 자신이나 회사의 이익을 위해서 수단과 방법을 가리지 않는 시대는 이미 지났다. 나 자신이 올바른 가치관을 갖는 것도 중요하지만, 우리가 일하는 회사도 착한 생각과 올바른 가치관을 가져야 한다.

우리가 일하는 회사를 믿을 수 있고, 회사와 소통하고, 일에 몰입하려면 회사가 추구하는 방향이 옳다는 신뢰가 있어야 한다. 직원들을 공정하게 대우하고 투명하게 소통하는 회사라면 믿음을 가져도 좋다. 그런 회사라면 단기적으로는 나를 알아주지 않더라도 꾸준한 나의 노력과 성과를 헛되게 하지는 않을 것이다. 회사를 선택할 때 우리가 양보할 수 없는 한 가지는 회사의 도덕성에 대한 것이다. 만약 회사가 윤리적인 측면에서 문제가 있거나 한 발 더 나아가 법적으로 문제가 있는 일을 하고 있다면 우리의 단호한 결정이 필요하다.

굿 컴퍼니가 경쟁력이다

내가 30년 전에 신입사원으로 입사한 회사는 IBM이라는 글로벌 회사였다. 2000년대 IBM은 'Smart Planet'이라는 프로젝트를 발표했다. 똑똑한 지구Smart Planet를 만들려는 IBM의 구상으로 깨끗한 수자원, 안전한 식품, 지속가능하고 역동적인 도시, 그린 에너지, 더 나은 학교, 똑똑한 워크플레이스 및 활기찬 지역사회 등 우리 사회의 핵심과제를 해결하기 위해서 비즈니스 정책과 사회공헌 정책을 결합시킨 것이었다. 이는 회사의 개인 존중이라는 가치관과 함께 회사에 대한 나의 자부심을 크게 만들었다. 내가 하는 일의 의미와 보람도 찾을 수 있었다.

착한 회사의 대명사격으로 늘 꼽히는 회사가 있다. 바로 미국의 유기농 식품 전문회사인 홀푸드 마켓이라는 회사이다. 홀푸드 마켓은 2017년에 아마존에게 15조 6,000억 원에 인수되었다. 홀푸드 마켓의 창업자 존 맥키는 기업이 이익만을 내는 것이 아니라 고객, 지역사회와 직원을 위해 헌신해야 한다는 생각을 철저히 실천했다. 이러한 착한 회사 전략을 통해 홀푸드 마켓은 창업 초기인 1981년, 많은 인명 피해와 재산 피해가 발생한 텍사스 홍수의 피해로부터 고객들의 도움을 받아 일어설 수 있었다.

존 맥키는 오프라 윈프리가 진행하는 토크 쇼, ⟨Super Soul Sunday⟩에서 그때를 회상하며 말한다.

> "우리 상점은 8피트나 물에 잠겼습니다. 우리는 홍수 보험도 없었어요. 홍수 다음날 청소하려고 상점에 가보니 진흙과 오물에 우리가 팔던 스테이크와 생선들이 섞여서 난장판이 따로 없었어요. 그런데 어떤 사람들이 와서 청소를 하고 있었습니다. 그들은 우리 직원들이 아니었어요. 고객들이었지요. 시간이 지날수록 점점 더 많은 사람들이 도와주었습니다. 그래서 왜 이렇게 우리를 도와주는지 물었습니다. 그들은 '우리는 홀푸드를 사랑해요. 당신들은 이대로 문을 닫을 수 없어요. 꼭 다시 문을 열어야 해요. 저는 좋은 이웃으로서 제 역할을 하는 거예요'라고 말했습니다. 그렇게 그들은 우리를 그냥 도와주었습니다."

착한 회사는 먼저 고객에게 착해야 한다. 고객이 지불한 가격 이상의 고객 가치를 제공해주어야 한다. 기업 활동으로 인해 영향을 받는 지역사회에 착해야 한다. 고용을 창출하고 지역사회의 현안에 대해 귀를 기울여 기업이 할 수 있는 방안을 찾아야 한다. 기업 활동의 결과물로 인해 영향을 줄 수 있는 환경의 보호에 앞장서고 기업의 윤리문화를 확립해나가야 한다. 마지막으로 기업은 고용주로서 직원들을 존중하고 직원들이 일의 의미를 추구하고 성장할 수 있는 조직 문화를 갖추어야 한다.

로리 바시 등은《굿 컴퍼니》에서 '착한회사지수'를 이야기한다. 착한회사지수는 좋은 고용주 등급, 착한 판매자 등급, 선량한 집사 등급의 세 가지 등급으로 구성되었다. 좋은 고용주 등급은 직원에게, 착한 판매자 등급은 고객에게 그리고 선량한 집사 등급은 환경 정책과 세상에게 얼마나 진지하게 공헌하려고 하는지를 측정하는 것이다. 그들은 말한다.

> "우리는《포춘》이 선정한 미국의 100대 기업을 대상으로 고용주로서, 판매자로서, 그리고 우리 사회와 환경에 대한 선량한 집사로서 그들의 기록을 참고하여 '착한회사지수'를 만들었다. 그리고이 지수가 가치 있는 기업들의 모습을 그대로 반영하고 있는지 엄격하게 검증했다. 결과는 분명했다. 착한 행동을 보여주며 높은점수를 받은 기업들은 경쟁사보다 더 높은 성과를 올리며 주식시장에서도 좋은 평가를 받고 있었다."

착한 회사 전략은 직원들을 위한 기업 문화 전략으로도 고객들을위한 마케팅 브랜드 전략으로도 좋은 전략이다. 착한 회사는 직원들에게 보람되고 좋은 일터를 제공해준다. 고객들은 착한 기업의 제품이나 서비스를 이용하려는 경향이 강하고 착한 기업이 지속되기를 바란다. 사람들은 환경을 생각하는 기업을 더 선호한다. 기업 입장에서는 좋은 고용주, 착한 판매자, 지역 사회를 위한 선량한 집사의 역할을 다하는 진정성 있는 착한 회사 전략이 필요하다.

홀푸드 마켓의 창업자 존 맥키는 말한다.

"사람은 먹지 않고 살 수 없다. 기업은 이익을 내지 않고 살아남을 수 없다. 하지만 대부분의 사람은 먹기 위해 살지 않는다. 기업도 이익을 내기 위해서만 존재해서는 안 된다."

한국의 많은 기업인들이 진실된 착한 회사 전략을 실행하기 바란다. 마케팅 목적으로 겉으로 내세우는 것만이 아니라 진심으로 말이다.

좋은 회사의 기본은 공정성, 투명성, 소통이다

여러분이 다니는 회사에 존경할 만한 사람이 있는가? 일반적으로 어떤 사람을 존경하는지는 사람의 가치관에 따라 다를 수 있다. 그럼에도 불구하고 직장에서 공통으로 통용되는 '존경'이라는 말은 어떤 사람이 인격 됨됨이와 일을 하는 가치관, 역량과 리더십을 갖추고 있을 때 사용하는 것이다. 존경할 뿐만 아니라 그 사람을 나의 직장 생활의 롤 모델로 생각할 수 있다면 더욱더 좋은 일이다. 만약 이러한 사람이 회사 내에 있고, 그 사람이 회사에서 인정을 받고 있다면 그 회사는 썩 괜찮은 회사일 것이다. 가깝게 나의 상사와 임원을 바라보자. 그는 어떠한가? 그가 그의 실력과 인격과 리더십으로 그 자리에 있는 것이 맞는가?

회사는 권력을 가지고 있는 일부를 위한 조직이 아니다. 권력을 가진 이들의 이익을 우선시한 의사결정은 회사 내의 공정성, 투명성, 소통을 가로막는 요인이 된다. 많은 회사들이 직원이 소중하다고 이야기한다. 직원이 주인이라고도 이야기한다. 그런데 이를 실천하는 회사는 많지 않다. 실제로 이를 실천하는 회사라면 공정성, 투명성, 소통이 기본이 되어야 한다. 그것이 보장되는 회사라면 회사가 추구하는 가치관과 개인이 추구하는 가치관이 크게 다르지 않을 것이다.

회사에서 조직의 리더가 주재하는 직원들 대상의 회의가 있었다. 수백 명의 직원들이 모였고, 갓 입사한 신입사원들과 인턴사원들도 함께 자리했다. 두 시간 넘는 프로그램 대부분이 조직의 리더인 임원의 발표와 이야기로 할애되어 있었다. 마침 내가 앉은 자리는 인턴사원들과 가까운 자리였고 그들이 하는 대화를 듣게 되었다.

"와 저 사람이 이 회사의 임원이야? 이 회사 입사하면 안 되겠다."

나는 그 자리에서 인턴들이 그 임원의 단편적인 면만을 보고 그런 이야기를 한 걸로는 생각하지 않았다. 나 또한 그렇게 느끼고 있었기 때문이다.

윗사람이 아랫사람을 평가하는 시대는 끝났다. 오히려 윗사람이 아랫사람에게 평가를 받아야 하는 세상이다. 윗사람이 조직과 구성원들에게 미치는 영향력이 훨씬 더 크기 때문이다. 지금 입사한 젊은 직원들이 힘들어하는 이유 중 하나가 무능한 상사 때문이라고 한다. 그 무능한 상사는 어떻게 조직의 관리자 자리까지 올라갈 수 있었을까? 회사가 공정성에 가치를 두고 제대로 평가했다면 가능한 일일까? 회사의 공정성에 대해 단적인 평가를 할 수 있는 예이다.

회사의 공정성은 직원 개인의 존중이라는 가치에서 나온다. 공정성은 직원 개인의 노력과 그로 인한 결과물을 소중하게 생각한다는 표현이다. 공정성은 무능력한 리더로 인해 조직의 직원들이 힘들어지는 일을 막아주는 시스템이기도 하다.

요즈음 세대라고 하면 흔히 90년대생들을 말한다. 90년대생은 개인의 삶을 중요하게 생각하는 실용적이고 합리적인 세대이다. 이들은 불공정을 거부한다. 나의 노력이 온전히 평가와 승진에 반영된다는 신뢰를 원한다. 이는 어려서부터 다양한 경쟁을 겪으면서 형성된 마음가짐으로 짐작된다. 그런데 공정성은 비단 90년대생뿐만 아니라 모든 직장인들이 원하는 요소이다. 각종 인맥이 영향력을 행사하던 시기를 겪었던 세대도 굳이 공정성을 마다할 이유는 없다. 나의 노력을 공정하게 평가해줄 것이라는 회사에 대한 신뢰는 세대를 불문하고 우리가 맘껏 일을 하는 데 아주 중요한 요소이다.

나는 중견기업의 대표이사로 짧게 근무한 적이 있다. 대표이사 취임을 하면서 전 직원들과 대화의 시간을 가졌다. 직원들과의 첫 대면에서 나는 대표이사로서 직원들에게 몇 가지 약속을 했다. 회사의 주요한 결정들을 모두 직원들에게 투명하게 공개하겠다. 회사의 주요한 결정을 직원들이 모르는 채로 진행하지 않겠다. 주요 결정에 대해서는 그것이 왜 회사를 위해 더 나은 결정인지에 대해 투명하게 공개하고 소통하겠다는 약속이었다. 그 일의 시작으로 나는 나의 일정이 기록되어 있는 캘린더부터 전 직원들에게 공개했다.

취임 후 일주일 동안 약 190여 명의 직원들이 그들이 가지고 있던 회사에 대한 생각을 나의 이메일로 보내왔다. 회사가 잘되기를 바라는 직원들의 애정 어린 마음들이 가득 들어 있었다. 그중 내가 공통적으로 느낄 수 있었던 것은 직원들의 기대와 믿음이었다. 직원들의 이메일에는 내가 약속한 투명성과 소통에 대해 직원들의 큰 기대가 있었다. 투명한 시스템과 소통은 전 직원들이 너무나도 간절하게 바라는 것이었다.

많은 회사들이 수직적인 문화에서 벗어나 수평적인 조직 문화로의 탈바꿈을 시도하고 있다. 직위를 없애거나 영어 이름을 부르게 하는 회사도 있다. 이는 회사가 권위를 내려놓으려는 표면적인 시도로 보인다. 실질적으로 권위와 권력은 정보의 비대칭에서 오는 경우가 많다. 진정으로 수평적인 문화를 원한다면 투명한 정보 공유 시스템이 구현되어야 한다. 회사의 의사결정과 그 근거가 투명하고 효율적으로 공유되어야 한다. 이는 직원들에게 일의 의미를 다시 생각하게 할 것이다. 또한 불투명한 의사결정으로 생길 수 있는 문제들을 사라지게 할 것이다.

기업의 내용을 직원들에게 투명하게 공유함은 직원들이 회사에 대한 주인의식을 갖게 하는 데도 중요하다. 글로벌 인사컨설팅 회사 휴잇어소시에이츠는 직원이 회사의 주인이라면 누려야 할 최소한의 권리 중 그 첫 번째를 인포메이션Information, 정보이라고 이야기한다. 직원들이 주인이라면 필요한 모든 정보를 직원들에게 투명하게 공개해야 한다는 것이다. 그리고 이런 공개된 정보들을 통해 직원들은 회사의 방향에 맞는 합리적인 의사결정을 할 수 있다.

최근 많은 기업과 중앙정부, 지자체 등에서 빅데이터 플랫폼을 구축하는 움직임이 커지고 있다. 데이터를 공유하고 이를 통해 과학적이고 합리적인 데이터 기반의 정책을 수립하고 의사결정을 하려는 시도들이다. 이때 현실적으로 가장 걸림돌이 되는 것이 바로 데이터 공유이다. 데이터는 권력이고 힘이기 때문에 이를 공유하려고 하지 않는 것이다. 수평적 시스템의 필수요인은 투명한 정보 공유이고 이를 통해 전문가들은 회사와 국민을 위해 보다 더 나은 합리적인 의사

결정을 만들어나갈 것이다.

회사에 대해 절대로 양보할 수 없는 단 하나

만약 회사의 윤리적 문제로 고민이 생기면 중국의 사상가 순자의 말을 되새겨볼 필요가 있다.

"올바른 결정을 따르는 것은 순종, 잘못된 결정에 기꺼이 문제 제기하는 것은 충성, 잘못을 알면서도 따르는 것은 아첨이다."

우리는 일을 하는 데 있어서 스스로 도덕적인 기준을 엄격히 세워야 한다. 조금이라도 양심의 가책이 느껴지는 행동을 해서는 안 된다. 회사도 마찬가지이다. 회사가 법을 지키는 것은 가장 기본적인 사회적 책임이다. 회사가 나의 가치관과 상충되는 일을 강요할 때, 그것이 사회적으로 문제가 될 수 있다고 판단될 때, 우리는 이를 거부해야 한다. 다른 사람들이 모두 그렇게 한다고 해서 따라가서는 안 된다. 그것이 회사와 나 모두에게 장기적으로 올바른 선택이다.

만약 회사가 추구하는 가치에 동의할 수 없다면, 우리는 그 안에서 우리의 가치를 실현하기는 어려울 것이다. 시간이 지날수록 회사의 가치와 나의 가치 사이에서 고민을 하는 시간이 점점 더 많아질 것이다. 그런데 회사가 추구하는 가치가 윤리적이거나 법적인 문제를 포함하고 있다면 더 이상 재고의 가치가 없다. 인생에서 부딪치는 다양한 일에 대해서 우리는 많은 고민을 통해 의사결정을 한다. 하지만 윤리적이고 법적인 문제만큼은 고민할 가치조차도 없다는 것을 알아야 한다.

나의 일에 대한 올바른 가치관은 적어도 나와 비슷한 가치관을 가진 회사를 찾았을 때 더욱더 빛이 난다. 기업의 이윤추구를 넘어서 사회적 가치에 대한 의식을 가진 착한 회사, 직원 존중의 철학을 바탕으로 직원들 한 사람 한 사람의 노력을 공정하게 평가에 반영하려 노력하는 회사, 투명한 시스템을 가지고 직원들과 소통하는 회사. 이런 회사라면 우리는 회사를 믿고 일에 몰입할 수 있을 것이고 그 안에서 하는 노력이 결코 아깝지 않을 것이다.

일의 의미

오랜 시간이 걸려도 반드시 찾아야 할 것

나에게 일은
어떤 의미인가?

　요즈음 같은 취업난에서는 일단 어디든 합격만을 바라는 취업 준비생이 적지 않을 것이다. 그런데 대부분의 직장인들이 하루의 가장 긴 시간을 직장에서 보낸다. 그렇기 때문에 자신이 하는 일에 대한 의미를 찾지 못한다면 그 인생은 불행할 수밖에 없다.

　우리가 일생 동안 일을 하는 시간은 30년이 넘는 시간이다. 이렇게 긴 시간 동안 내가 하는 일을 좋아하고 제대로 잘하기 위해서는 어떤 노력이 필요할까? 먼저 우리에게 일이 얼마나 소중한 존재인지 알아야 한다. 일은 우리의 동기를 충족시켜 줄 수 있는 중요한 수단이다. 일이 나에게 어떤 의미가 있는지를 찾아야 한다. 또한 나에게 의미 있는 일은 어떤 일인지도 찾아야 한다. 그런데 이런 일들은 하루아침에 되는 것은 아니다.

직업을 찾아 방황하는 시간을 절대 아까워하지 마라

대학 4학년 하반기에 나는 대학원 진학과 취업 사이에서 깊은 고민을 했었다. 불과 몇 달 전까지만 해도 대학원에 진학하는 것이 당연한 나의 진로라고 생각했었다. 어느 날 문득 당연하게 생각했던 것이 당연하지 않을 수 있다는 사실을 깨달았다. 적잖이 당황스러웠다. 생각해보면 깊은 고민 없이 당연하다고 생각한 것에 이끌려 선택을 했던 일들이 많았다. 고등학교 1학년 말에 문·이과를 선택할 때도 나는 수학, 과학을 좋아하니까 당연히 이과를 선택했다. 그로 인해 직업의 선택이 많이 달라질 수 있다는 데에는 생각이 미치지 못했다.

고등학교를 수석으로 졸업하면서 학교 교지에 대문짝만 하게 나의 사진과 인터뷰 기사가 실렸었다. 장래 꿈을 묻는 질문에 계속 공부를 하겠다는 답변을 했었다. 그때부터 공부는 지금까지 나의 당연한 방향이 되어버린 것 같다. 대학원 시험을 앞두고 늦기 전에 다시 한 번 생각할 기회를 가진 것은 행운이었다. 마치 시험시간을 앞두고 쉬는 시간에 잠깐 본 내용이 바로 다음 시험 문제에 나온 것 같은 기분이었다. 평생의 업으로 삼을 만큼 나는 학문을 즐기는가? 더 많은 시간을 공부하고 그에 상응하는 보상이 없다 하더라도 후회하지 않을 자신이 있는가? 자신이 없었다. 학업에 대한 미련이 아예 없지는 않았지만 일단 취업을 하기로 결정했다.

당연히 내가 대학원 진학을 할 것으로 믿고 있었던 교수님들의 실망은 컸다. 교수님들은 대학원 시험에 일단 응시하기를 권하셨다. 그 당시 내가 다닌 KAIST는 석사과정에 진학하면 병역특례가 적용되어 남학생들에게 인기가 많았다. 이미 가지 않기로 결심한 대학원 시험에 응시하여 나로 인해 대학원 입학이 절실한 남학생을 굳이 떨어뜨릴 이유는 없다고 생각했다. 대학원 시험을 치르기 위해 단체버스가 출발하던 날, 나는 버스가 떠날 때까지 학교가 아닌 다른 곳에 숨어 있어야 했다.

나의 취업 결심이 확고하다는 것을 아신 교수님 한 분이 본인의 선택에 대한 이야기를 해주셨다. 나는 그 교수님의 연구를 도와드리고 있었다. 교수님은 대학을 졸업하고 한 회사에 병역특례로 입사하셨다. 그 회사에서 3년 동안 근무를 하면 병역의무가 해결된다. 3년의 회사 생활은 교수님으로 하여금 본인이 회사 생활과 얼마나 맞지 않는 사람인지를 뼈저리게 깨닫게 했다. 병역특례 기간인 3년이 지나자마자 사직서를 냈고 다음날 바로 유학길에 올랐다. 교수님은 3년의 회사 생활로 인해 교수로 임용된 시기가 남들보다 늦었다. 하지만 3년이라는 기간은 교수님 본인이 어떤 사람인지를 알아간 소중한 시간이었다. 그래서 3년이 지나자마자 바로 비행기를 타고 유학을 떠나는 결단을 할 수 있었다고 하셨다.

확실한 본인의 길을 아는 것이 얼마나 큰 행운인지 모른다. 중간중간에 이 길이 맞는 길일까에 대한 고민을 안 해도 된다. 결정한 길로 쭈욱 밀고 나갈 추진력이 더 강해진다. 교수님의 100%에 가까운 확신을 보며 부러운 생각이 들었다. 나는 그렇게까지 나의 결정에 확신을 가지고 있는 것은 아니었다. 교수님은 얼마 동안이 될지는 모르지만 회사에 가서 한번 부딪쳐보라고 하셨다. 그리고 아닌 것 같으면 바로 학교로 다시 돌아오라는 격려도 해주셨다. 아마 그때 교수님은 내가 금방 다시 학교로 돌아올 것으로 생각하셨던 것 같다. 하지만 지금도 나는 학교로 돌아가지 않고 학교 밖에 있다.

첫 직장은 일에 대한 자기만의 생각을 정립해나가는 시기

첫 직장은 끊임없이 배우고 성장해나가면서 실패와 성공을 쌓아나가는 실험대가 된다. 일에 대한 자기만의 생각을 정립해나가는 시기이기도 하다. 누구에게나 처음 시작하는 직장 생활이 쉽지만은 않다. 첫 직장에서 일을 처음 접할 때 학교와 전혀 다른 시스템에 당황하기도 한다. 대학에서는 성실하고 성적이 좋으면 인정을 받는다. 대학에서의 성적은 성실의 결과물이다. 그래서 노력한 만큼의 대가가 대부분 따라온다. 하지만 회사는 아니다. 회사에서는 노력의 양을 절대적으로 나타내기도 어렵다. 게다가 노력한다고 해서 성과가 나는 것도 아니다. 성과가 나도 그것을 인정받는 것은 또 다른 이야기이다.

처음 하는 직장 생활에서는 회사 시스템도 익숙하지 않다. 관행적으로 정해져 있는 여러 가지 일들도 힘들게 한다. 왜 모든 허드렛일들은 신입사원이 다 해야 하는 것인지. 그렇지 않아도 힘든 회사 생활이 더 힘들어진다. 생전 처음 경험하는 팀장, 부서 선배들과의 관계도 어렵기만 하다. 시스템도 모르고 업무 절차도 모른다. 모르는 것을 하나씩 배워가면서 하다 보니 일의 능률도 오르지 않는다. 신입사원의 마음은 늘 바쁘고 불편하다.

나는 이 모든 일을 처음 해내는 신입사원들이 무척이나 대견하다고 생각한다. 인간에게 가장 스트레스를 주는 행위 중의 하나가 이직이라고 한다. 그런데 신입사원은 새로운 직장에 들어온 것도 맞거니와 직장에서 직장으로 옮긴 것이 아니라 학교에서 직장으로 옮겼으니 단순 이직이 주는 스트레스보다 훨씬 더 클 것이다. 매일매일이 긴장의 연속일 수밖에 없다. 그러니 지금 힘들고 때로는 포기하고 싶은 마음이 드는 것은 당연한 일이다.

대학 4년을 마치고 나는 글로벌 회사에 시스템 엔지니어System Engineer로 입사했다. 그 당시 내가 입사한 회사는 대학생들이라면 모두가 입사하고픈 선망의 대상이었다. 복지제도, 토요 휴무, 사람을 존중하는 철학, 모든 것이 완벽한 회사로 여겨졌다. 내가 입사하던 해 봄에 회사는 새로운 제품을 출시했다. 나의 인사관리자인 부장님 말씀으로는 나를 채용할 때부터 이미 그 제품의 출시를 염두에 두고 있었다고 했다. 자연스럽게, 나는 그 제품의 담당 엔지니어가 되었고 제품에 대한 스터디를 열심히 했다. 영업 선배들과 같이 고객사에 가서 제품에 대한 기술적인 부분을 브리핑하는 것은 시스템 엔지니어인 나의 몫이었다.

그러던 어느 날 부장님께서 나를 부르셨다. 새로 출시된 제품에 대한 기술적인 내용을 전 부서원들에게 요약 발표를 하는 것이 좋겠다는 이야기를 하셨다. 나는 열심히 준비했다. 발표 당일이 되었다. 입사 후 처음으로 팀원들 앞에서 발표를 하는 자리는 긴장되고 떨렸다. 회의실에서 열심히 준비한 내용을 하나씩 설명하기 시작했다. 그런데 나의 설명이 끝나기도 전에 부서 선배 중에 한 분인 A가 나의 말을 막고 본인이 설명하는 것이었다. 이러한 일은 발표 내내 여러 번 계속되었다. 나는 발표 자세 그대로 일어선 채 A가 하는 이야기를 들었고 그의 이야기가 끝나기를 기다렸다가 다음 주제로 넘어갔다.

'A선배는 팀원 모두가 있는 자리에서 왜 내 말을 가로막고 본인이 나서서 설명을 했던 것일까?' A선배는 나보다 입사가 빨라서 이미 다른 제품을 맡고 있었다. 그런데 새로 출시되는 제품을 본인이 맡겠다고 부장님과 다른 선배 분들에게 여러 번 이야기를 했었다고 한다. 가끔씩 A선배는 내 자리 앞으로 와서 "네가 그 제품 담당을 잘 할 수 있겠느냐?"라고 묻기도 했다. A선배는 별 생각 없이 물었을지 모르겠지만 나는 그 질문이 '네가 다른 제품을 담당하겠다고 해라'라고 들렸다. 이러한 사정을 옆에서 지켜보던 더 연배가 있는 선배 B가 나에게 다른 제품을 권유하셨다. 나는 그날 이후로 B선배가 권한 제품을 맡기로 했고 어쩌다 보니 두 제품을 다 맡을 수밖에 없는 상황이 되었다. 팀장님과 다른 선배의 의사결정을 존중해야 했고, 신입사원인 내가 독립적으로 의사결정을 할 수 있는 상황은 아니었다.

신입사원으로 처음 맞닥뜨린 사회는 냉정했다. 몇 달 동안 힘든 생활이 계속되었다. A선배와의 관계와 일들이 나의 회사 생활의 모든 것을 규정짓는 것 같았다. 회사에 취직한 것이 잘못한 건가? 교수님 말씀처럼 늦기 전에 학교로 돌아가야 하는 건 아닐까? 나는 직장 생활이 맞지 않는 사람인가? 끊임없이 고민하는 시간들이었다. 그러다가 문득, 나는 하나의 원인으로 모든 것을 규정짓고 있는 것은 아닌가 하는 생각이 들었다. 내가 힘든 것을 하나씩 나누어보았다.

회사에서 맡고 있는 일은 점점 배우면서 실력도 늘고 자신감도 붙고 있었다. 조금씩 알면서 재미도 늘어갔다. 회사 시스템도 좋았다. 개인을 존중하는 회사의 가치관도 좋았고, 회사는 내가 생각하는 그 이상을 지원해주었다. 월급을 받는다는 것이 미안할 정도였다. 문제는 그 선배와의 관계였다. 그렇다면 이것은 바뀔 수 있는 부분이었다. 시간이 흐름에 따라 좀 더 적응할 수도 있다. 또 늘 그 선배와 같이 일하라는 법은 없다. 나는 마음을 다잡았다. 더 이상 회사에 적응하지 못하는 사람이 아니다. 일도 회사 시스템도 문제가 아니다. 문제는 한 사람에 대한 문제이고 그것은 그 선배 자체의 문제일 수도 있다. 일을 열심히 하고 나의 전문성을 키우고 회사의 시스템에 적응해나가는 것이 나의 할 일이다.

자신의 힘든 상황을 객관적으로 바라보면서 나를 힘들게 하는 것이 무엇인지에 대한 판단이 필요하다. 신입사원들이 저지르는 실수 중의 하나가 일 이외의 주변으로 인해 힘든 것을 일에 대해 힘들다고 생각하는 것이다. 일에 대한 것과 회사의 시스템에 대한 것과는 분리해볼 필요가 있다. 만약 5년 후쯤 내가 일에 익숙해졌을 때도 똑같이 힘들 것 같은지 생각해보자. 일이 문제인지, 회사의 시스템이 문제인지, 아니면 개별 사람이나 그 사람의 행동이 문제인지도 말이다.

처음부터 어떤 일을 직업으로 선택해야 하는지, 일의 의미를 다 아는 사람은 아무도 없다. 100% 확실한 생각으로 선택을 하는 사람도 없다. 만약 그런 사람이 있다면 어느 정도의 시행착오를 거친 다음의 결과물일 것이다. 특히 신입사원 시절에는 나의 가능성과 일의 의미를 끊임없이 테스트하고 진단하는 시기이다. 지금 힘들다고 좌절하지 말고 내가 겪는 어려움에 대해 명확한 판단을 해야 한다. 생각과 경험이 쌓이면서 우리는 점점 정답지에 가까워간다.

왜 일을 하는가

니체는 "왜 살아야 하는지 아는 사람은 어떤 어려움도 참고 견뎌낼 수 있다"라고 말했다. 우리 각자가 삶에 부여하고 있는 중요한 의미가 있다면 어떤 어려움도 참고 견딜 힘을 얻을 수 있다는 말로 해석된다. 일도 마찬가지이다. 각자가 부여하고 있는 일에 대한 중요한 의미가 있다면 일에서의 어떤 어려움도 참고 견딜 힘이 된다. 중요한 것은 나에게 일이 어떤 의미인가와 나에게 그런 의미가 있는 일이 무엇인가이다.

매슬로우의 인간욕구 5단계 이론은 인간의 동기를 설명하는 인지적으로 가장 영향력 있는 이론 중 하나이다. 인간의 동기가 작용하는 양상을 설명하기 위해 총 다섯 단계로 나누어 구분하고 이를 피라미드 형식으로 제시했다. 피라미드의 하단부터 생리적 욕구, 안정의 욕구, 애정 및 소속의 욕구, 존중의 욕구, 자아실현의 욕구 순이다. 그는 이러한 욕구가 아래 단계부터 순서대로 오며 아래 단계의 욕구가 충족되어야만 그 위의 단계로 넘어간다고 했다. 이 이론은 처음에는 각광을 받았지만 점차 상당한 비판에 직면했다.

엘더퍼는 매슬로우의 욕구단계 이론을 수정하여 E Existence, 존재, R Relationship, 관계, G Growth, 성장의 앞 글자를 따서 ERG 이론을 만들었다. 그는 매슬로우와 달리 욕구의 복합성을 주장한다. 욕구가 하나씩 순차적으로 오는 것이 아니라 복합적으로 올 수 있다는 이야기이다. 즉, 생리적 욕구가 해결되지 않아도 자아실현의 욕구가 같이 올 수 있다는 이론이다. '배고픈 소크라테스'라는 말이 여기에 해당된다.

여러 욕구 중 개인의 동기가 되는 이유는 사람마다 차이가 있을 수는 있다. 중요한 것은 '일'이 이러한 욕구를 해결해나가는 중요한 방법이라는 것이다.

왜 일을 하는가? 일을 함으로써 얻는 동기는 무엇인가? 이에 대한 답은 사람마다 다를 수 있다. 또 어떤 일을 하는지에 따라서 일을 하는 이유가 달라질 수도 있다. 어떤 일이냐에 따라 그 일이 단순히 돈을 벌기 위한 수단이 될 수도 있고 자아성취를 위한 일이 될 수도 있다. 본인이 그토록 하고 싶은 일을 한다면 일하는 것은 즐겁고 행복한 일이 될 것이다. 그래서 흔히들 자신이 좋아하는 일을 찾으라고 한다. 하지만 처음부터 가슴 뛰는 일을 발견하는 것은 쉬운 일이 아니다. 오히려 일을 하면서 생각과 경험을 통해 나에게 맞는 환경을 찾아나가는 보통 사람들이 많다. 나도 마찬가지로 같은 길을 걸었다.

일에 가치를 부여하면
최고가 될 수 있다

"배를 만들고 싶다면 사람들에게 목재를 가져오게 하고, 할 일을 나눠주는 등의 일을 시키지 마라. 대신 그들에게 넓고 끝없는 바다에 대한 동경심을 갖게 하라."

《어린 왕자》의 작가이자 비행조종사인 앙투안 드 생텍쥐페리의 말이다. "하던 일도 멍석 깔아주면 안 한다"라는 옛말처럼 평소에 좋아하던 일도 억지로 시키면 오히려 하기 싫어지는 경험은 누구나 있을 것이다. 결국 생텍쥐페리의 말처럼 일에 스스로 가치를 부여하는 것이 최고의 동기부여가 된다.

일에 가치를 부여하는 것의 중요성을 느끼게 해준 직원의 편지

인사혁신처 헤드헌팅 프로그램에 의해 발탁되어 정부 조직의 기관장으로 3년 동안 일을 했었다. 내가 일을 한 기관은 ICT 전문기관으로 공무원 조직이었는데 중앙정부의 ICT 인프라와 빅데이터 플랫폼을 관장하는 기관이었다. 책임도 크고 업무도 힘들었다. 우리가 운영하는 시스템에 장애가 발생하면 이는 대국민서비스의 중단으로 이어진다. 또 해킹을 제대로 방어하지 못하면 국가 주요 정보의 누설로 이어진다. 하루하루가 긴장의 연속이었다. 그렇게 3년의 시간을 보냈다.

퇴임을 한 달여 앞두고 한 직원에게 생일 축하 편지를 받았다. 그 직원의 동의를 얻어 그 편지의 내용을 첨부한다. 기관장인 나로 인해 본인이 하는 일의 가치를 더 느끼게 되었고 우리가 대단한 일을 하고 있다는 생각이 들었다는 편지다. 이 편지는 나로 하여금 나의 일의 가치를 더욱더 깨우쳐주었다. 내가 직원들에게 일의 가치를 부여해주고 직원들은 또 나에게 리더로서의 일의 가치를 느끼게 해준다. 어디에서 일을 하든 나는 항상 직원들에게 많은 것을 배운다.

원장님, 생신 축하드립니다.

오늘 하루도 정신없이 지나가고, 내일이 평가라 준비할 것도 많고 마음은 바빴지만 원장님 발표하시는 것 들으려고 브리핑 룸에 갔었습니다. 역시 귀에 쏙쏙 들어오는 명강의!(Good)

모두들 고개를 끄덕이면서 들으시더라고요. 차관님도 마찬가지셨고요. 같은 일도 원장님이 말씀하시면 부가가치가 더 해지는 것 같습니다. 원장님 프레젠테이션을 듣고 있으면 우리가 얼마나 대단한 일을 하고 있나 생각이 듭니다.(자존감이 UP) 평범한 일을 한다고 생각했는데 원장님께서는 거기에 더 큰 가치를 만들어주시고 새로운 가치를 불어넣어주십니다. 지금이 우리 원의 도약기이고 더 큰 성장의 길이 눈앞에 보이는데 우리는 왜 원장님 같은 분을 보내야 하는지.

원장님, 건강하세요. 말씀하신 대로 잠시 몸과 마음에 휴식을 선물하시기 바랍니다. 지난 3년간 너무 쉴 새 없이 정말 대단한 열정으로 일하셨습니다. 그 많은 일정을 어떻게 다 소화해내시는지 정말 놀랄 때가 많았습니다. 하지만 이제 건강을 최우선으로 하셨으면 좋겠습니다. 가우디는 "자연은 항상 펼쳐져 있는 책이며 우리가 읽어야 할 책"이라고 했다고 합니다. 자연이 아름다운 곳으로 여행을 가시고, 그동안 누리지 못하셨던 진정한 힐링 타임을 가지시기 바랍니다.

2020. 1. 15. ○○○ 드림

직원들에게 동기부여로 이룬 2년 연속 최우수기관

닐 도시와 린지 맥그리거의 《무엇이 성과를 이끄는가》에서는 고성과高成果 조직을 만들기 위한 직원의 동기를 6가지로 제시한다. 즐거움, 일의 의미, 성장은 직원 내면에서 나오는 것이므로 직접 동기로 구분한다. 반면 정서적 압박감, 경제적 압박감, 타성은 외부 요인에 의한 것이므로 간접 동기로 구분한다. 직원의 동기는 직접 동기에 의해서 높아지고 간접 동기는 오히려 동기를 감소시킨다고 말한다. 따라서 리더는 직원들이 일터에서 일의 즐거움, 의미, 성장 동기를 찾도록 도와주어야 한다

즐거움 동기를 생기게 하려면 직원들이 자신의 일에서 어느 정도의 자율성을 가지고 즐거움을 느끼면서 일을 할 수 있게 하는 환경이 중요하다. 의미 동기는 조직의 명확한 비전을 수립하고 조직의 정체성을 확립하는 것부터 시작된다. 성장 동기는 직원들이 원하는 커리어 목표를 이룰 수 있도록 환경을 만들어주고 도와주는 것을 의미한다. 이렇게 직원들의 모든 동기와 리더십이 잘 조화를 이루면 최고의 성과를 내는 조직 문화가 만들어질 수 있다.

내가 공무원 조직의 기관장으로 부임하면서 가장 먼저 힘을 쏟은 부분은 조직의 정체성에 대한 부분이었다. 우리 기관의 존재의 이유는 무엇인지, 우리는 국가와 국민에게 어떤 가치를 주는지, 우리 조직

의 중요한 가치는 무엇인지를 고민했다. 전 직원에게도 설문 조사를 통해서 각 개인이 조직과 국민에게 주는 가치가 무엇인지를 생각할 수 있는 시간을 주었다. 직원들의 생각과 나의 생각을 토대로 기관의 미션과 비전을 재정립했다. 기관의 핵심가치도 명확히 했다. 국가 ICT 인프라를 관장하는 기관으로서 몇 년 후 우리기관이 완성할 아웃풋 이미지도 제시했다. 그리고 기관장의 기관 운영방침과 전략, 주요 성과 지표, 3년 동안의 운영방향을 수립했다.

기관의 전략 체계에 관해 수립한 몇 가지 내용을 간단하게 소개한다. 디지털 정부를 선도하는 고품질 ICT 서비스 제공을 기관의 미션으로, 지능형 클라우드 컴퓨팅 센터 구현을 비전으로 설정했다. 조직 구성원의 행동규범을 규정하는 핵심가치는 5개 단어의 앞 글자를 따서 'FIRST'로 명명했다. FIRST는 단어 자체로 '첫 번째', '제일가는'의 뜻을 내포하고 있다. 이외에도 각각의 첫 글자로 FFuture 미래지향, IIntegrity 청렴, 성실, RRelationship 신뢰, 소통, SService 국민만족 TTechnology 전문성의 의미를 내포했다.

기관장의 기관 운영 방침 세 가지는 이노베이션Innovation, 혁신, 리더십Leadership, 해피니스Happiness, 행복로 설정했다. 여기서 이노베이션의 의미는 혁신을 통해 기관 운영에서 뛰어남을 추구함을 뜻한다. 리더십의 의미는 ICT 관련 산업을 이끄는 리더십을 구현함을 뜻한다. 마지막으로 해피니스의 의미는 직원, 협력업체, 입주기관 그리고 국민의 행복을 추구함을 뜻한다. 그리고 4개의 전략 과제와 7개의 전략목표를 수립했다. '대한민국 ICT 인프라 미래 모습'이라는 제목으로 향후 우리가 완성할 투비To-Be 이미지를 명확히 했다. 이는 직원들에게 명확한 목표와 가이드라인을 제공해주기 위해서였다. 또 직원들이 조직 구성원의 한 사람으로서 우리가 하는 일의 가치를 인식하고 조직에 대한 자부심으로 이어지길 바랐다.

취임 후 6개월 만에 기관 명칭도 바꾸었다. 이를 위한 시작은 직원들 대상으로 기관의 명칭과 의미에 대한 공모를 추진하는 것이었다. 이는 기관의 주인인 직원들이 기관의 정체성과 의미를 한 번 더 생각해보게 하려는 나의 의도가 있었다. 사실, 기관 명칭 변경은 정부 조직법을 바꿔야 해서 쉬운 일은 아니었다. 하지만 나의 뜻에 동참해준 직원들이 있었고 장차관님의 지원이 있어서 가능한 일이었다.

직원들이 일을 즐겁게 하기 위해서는 각자의 업무를 수행할 정도의 기본적인 업무 능력은 필수이다. 한번 생각해보라. 내가 해야 할 일인데, 정작 나는 그 일에 대해 아무것도 모른다면 일이 즐거울 수 있겠는가. 일을 하는 내내 불안과 긴장의 연속일 것이다. 문제는 공무원의 순환 보직제로 인해 IT와는 거리가 먼 직원들도 우리 원에 배치되고 있었다. 어떤 직원들은 업무에서 사용하는 IT 용어 자체도 몰라서 힘들어했다. 직원들 입장에서 이는 정말 괴로운 일일 것이다.

직원들의 업무를 분석하고 직원들이 성장할 수 있는 인사 체계와 분야별 교육 커리큘럼을 완성하여 이를 실행했다. 직원들 개개인의 업무수준에 따라 기본적인 부분부터 직무능력을 높일 수 있는 맞춤

형 교육 과정을 만들었다. 일을 알게 되면 일이 재미있어지고 일에서 성공 경험이 하나씩 쌓이다 보면 즐거움 동기는 커질 것이다. 모르는 것을 조금씩 알아가는 과정에서 성장 동기도 커질 수 있다.

사실, 간접 동기로 인한 부정적인 요인도 있었을 것이다. 간접 동기인 정서적 압박감과 경제적 압박감이 완전히 배제될 수는 없었다. 직원 각자가 맡고 있는 업무에서 치명적인 장애는 개인에게 좋지 않은 성과로 이어졌고 이는 직원들의 정서적 불안감을 가중시켰을 것이다. 승진과 인센티브로 연결되는 성과 평가는 직원들의 경제적 압박감을 불러일으켰을 수도 있다. 그렇지만 이러한 부정적인 동기 요인을 제거하려는 노력을 최대한 진행했다. 부서와 직원들의 평가에 공정성을 강화했다. 우리 기관이 가야 할 목적지와 지금의 여정Journey에 대해 기회가 있을 때마다 직원들과 소통했다.

2020년 2월 14일은 나의 퇴임식이 있던 날이었다. 오전에는 전년도인 2019년에 이루어낸 성과에 대해 기관 평가를 마무리하는 인터뷰가 예정되어 있었다. 기관장을 대상으로 하는 리더십 인터뷰를 시작으로 재정 건전성, 고유사업 적절성, 고객 만족도, 사회적 가치 구현, 서비스 혁신, 인사 조직, 대국민 홍보 등의 많은 항목에 대한 평가가 이어졌다. 외부 평가위원들은 50여 개가 넘는 평가 대상 기관들을 방문하여 기관들이 이미 제출한 성과보고서에 담은 모든 내용들의 진위 여부를 확인하기 위해 실사를 하고 인터뷰를 한다.

몇 시간에 걸쳐서 모든 인터뷰와 실사가 끝났다. 다른 기관과 차별화된 체계적이고 객관적인 성과, 인터뷰 대상 담당 직원들의 열정과 맡은 분야에 대한 지식. 이러한 것들은 평가위원들을 놀라게 하기에 충분했다. 평가위원들 중 한 분은 우리 직원들을 대상으로 민간회사에서 스카우트 제의가 많이 오지 않느냐고 나에게 묻기도 했다. 정말 뿌듯했다. 지난 3년 동안의 고생이 주마등처럼 스쳐지나갔고 이제 마음 편히 떠날 수 있다는 안도감도 들었다.

그날 오후에 진행된 퇴임식에서 나는 직원들에게 오전에 있었던 외부 평가위원들의 말을 전했다. 그리고 평가 결과에 대한 나의 예측도 같이 이야기해주었다. "전년도와 같이 최우수기관이 될 것이고 전체 평가대상 기관에서 1등을 할 것 같습니다. 직원들의 노고에 감사드리고 함께한 시간 동안 행복했습니다"라는 말을 끝으로 나는 기관을 떠났다. 퇴임 후 5월 어느 날, 직원들로부터 전화를 받았다. 내가 예견한 대로 우리 기관이 1등을 했다고 했다. 조직의 변화와 직원들의 변화는 기관장인 내가 먼저 느끼고 있었던 것이다.

당신의 일은 어떤 가치를 제공하는가

우리가 하는 일에 동기를 부여하는 일은 조직의 리더 혼자 할 수 있는 일은 분명 아니다. 위대한 리더를 만나서 개인의 동기를 부여할 수 있는 환경과 조직 문화가 조성된다면 분명 좋은 일이다. 하지만 그렇다 하더라도 직원들의 노력이 없이는 안 되는 일이다. 같은 조직에서 어떤 직원은 즐거움, 의미, 성장 동기들을 찾는데 그렇지 못한 직원도 있다는 것은 개인의 노력에 의한 개인차가 있음을 설명해준다. 다음의 사례는 동기부여가 자칫하면 어떻게 변질될 수 있는지 잘 보여준다.

옛날에 인도에서는 코브라로 인한 인명피해를 막기 위해 보상금을 주는 정책을 실시했다. 코브라를 잡는 일은 위험했지만 돈을 벌 수 있다는 생각에 많은 사람들이 코브라를 잡아왔고 보상금을 받아 갔다. 마을에 코브라는 많이 사라졌고, 인명피해도 줄어들었다. 그런데 코브라가 많이 사라졌음에도 시간이 지날수록 보상금을 받아가는 사람은 늘어나고 있었다. 이를 이상하게 생각한 관계자들은 보상금을 받아가는 사람들을 조사하기 시작했다. 그리고 사람들이 길거리의 코브라를 잡은 것이 아니라 코브라 농장에서 코브라를 사육하여 보상금을 받아가고 있다는 것을 발견했다. 결국 인도 정부는 코브라 보상금 제도를 폐지했다. 사람들은 필요 없어진 코브라를 무단으로 버렸고, 결과적으로 코브라는 더 늘어났다.

이 사례는 '이 일을 왜 하는가?'에 대한 대답을 생각하게 만든다. 사람들 사이에서 일의 목적이 올바르게 규정되지 못해서 나온 극단적인 사례이다. 인도인들의 인명 피해를 줄인다는 올바른 목적이 돈을 버는 목적으로 전락한 것이다. 이로 인해 많은 사람들이 정직하지 못한 방법으로 꼼수를 쓰게 되었고 결국 더 많은 피해를 야기하는 결과를 낳게 되었다. 이는 '코브라 효과'라는 경제 용어까지 낳았다. '어떤 문제를 해결하기 위한 대책을 내놓았는데 오히려 문제가 더욱 악화되는 결과를 낳는 현상'을 일컫는 말이 된 것이다. 독일 경제학자 호르스트 시버트가 만든 용어다. 물론 그 안에서 코브라로부터 인도인들의 피해를 줄이기 위한 올바른 목적을 가지고 꿋꿋이 일을 한 사람도 있었을 것이다.

우리는 우리가 하는 일에서 올바른 의미와 가치를 찾는 노력을 계속해야 한다. 습관적으로 모든 일에서 의미를 발견하고 가치를 부여하는 노력이 필요하다. 스스로가 부여한 의미와 가치에 따라 같은 행동이라도 전혀 다른 의미를 가질 수 있다. 우리의 경험과 지식이 쌓여갈수록 또 나의 영향력이 커짐에 따라 의미는 점점 더 커지게 된다. 그리고 일에서 이루는 성공의 횟수도 많아진다. 이는 우리가 하는 일에 대한 즐거움과 지속성을 강화시키고 어떤 어려움에서도 일을 추진해나갈 동력이 된다.

내가 하는 일의 영향력을 경험하면
의미동기가 높아진다

다이어트, 금연, 운동 등 매해 연초에 결심하지만 작심삼일로 끝나는 다짐들이 있다. 그만큼 동기부여로 결실을 맺는 단계에 이르는 과정이 쉽지 않다는 방증이다. 미국의 심리학자 해크먼과 올드햄은 업무에 대한 동기부여, 만족감, 생산성을 높이는 데 필요한 다섯 가지 조건에 대한 연구결과를 발표했다. 그들이 제시한 다섯 가지 조건은 '기술의 다양성, 완결성, 중요성, 자율성, 피드백'이다. 일의 내용이 변화가 풍부하여 다양한 능력이나 기술을 활용할 수 있는 것이 기술의 다양성이다. 처음부터 끝까지 일을 스스로 완성할 수 있는 것이 완결성이다. 자신이 수행한 일의 결과가 다른 사람들에게 좋은 영향을 미치는 것이 중요성이다. 일을 하는 방법을 스스로 결정할 수 있는 것이 자율성이다. 자신이 수행한 일의 결과나 의견을 파악할 수 있는 것이 피드백이다.

자신의 영향력을 확인하면 의미동기와 성과가 높아진다

대학 기금을 마련하는 콜센터 이야기가 있다. 직원들은 불우 학생 장학금 마련을 위해 모르는 사람들에게 전화를 한다. 전화 횟수로 직원들의 목표를 설정하면 직원들은 전화 횟수를 채우는 데 급급할 것이다. 이들이 동기를 얻고 더 많은 성과를 내기 위해서 어떤 방안이 좋을까? 조직행동학자 대니얼 M. 케이블의 저서 《그 회사는 직원을 설레게 한다》에 나오는 이 이야기에서 '와튼 스쿨의 애덤 그랜트와 노스캐롤라이나의 데이브 호프만 교수의 연구 사례'가 소개된다. 그들은 콜센터 직원들을 세 개의 집단으로 나누어 실험했다.

첫 번째 집단은 평소와 같이 업무를 수행했다. 두 번째 집단은 관리자가 읽어주는 장학금을 받은 학생이 쓴 감사 편지를 10분 동안 듣고 전화를 걸었다. 세 번째 집단은 편지 낭독을 듣고 장학금을 받은 학생들을 직접 만났다. 그들의 감사 인사를 직접 듣고 질의 시간도 가졌다. 그 뒤 세 집단의 통화량과 실적을 4주 동안 추적했다. 이 중 장학생을 직접 만나 몇 분 동안의 대화를 나눈 세 번째 집단은 엄청난 변화를 만들어냈다. 세 번째 그룹의 주당 통화 시간은 평균 142% 늘어났고 기금 실적은 171%나 높아졌다.

세 번째 집단은 장학생들로부터 그들이 장학금을 받고 난 후 그들의 삶이 어떻게 달라졌는지에 대한 이야기를 들었다. 장학생의 감사의 말도 들었다. 이를 통해 콜센터 직원들은 본인들이 하는 일이 장학금을 받은 학생들에게 얼마나 중요한 일인지를 깨닫게 되었다. 장학금을 받은 학생들과 감정적인 유대도 만들어졌다. 콜센터 직원들은 자신들이 하는 일에 의미를 더 부여했고 이를 통해 더 많은 기금 실적을 이루어내게 된 것이다.

우리가 하는 일의 결과물을 직접적이고 일차적으로 경험할 기회를 갖는 것은 중요하다. 우리 각자가 다른 사람의 삶에 어떤 영향을 미치는지에 대해 의미를 부여하고 스토리텔링이 가능해진다. 일에 있어서 자신의 영향력을 확인하게 되면 탐색 시스템을 활성화하고 고객에게 더 많은 봉사를 해야겠다는 내적 동기부여를 얻게 된다. 따라서 일의 성과 창출과 동기부여를 위해서는 직접경험을 통해 업무의 의미를 설정하는 것이 중요하다.

워킹맘의 현실에도 포기할 수 없는 내 일의 영향력 확인

둘째 아이는 임신 중일 때부터 신장 기능에 문제가 있었다. 아이는 태어나자마자 인큐베이터에 들어갔고 태어난 지 한 달 만에 신장 수술을 했다. 수술 후에도 감염의 우려가 커서 항생제를 계속 복용해야 했다. 신장 감염이 생기면 신장 기능의 치명적인 손상으로 이어질 수 있어서 늘 조마조마했다. 혹시라도 열이 나면 무조건 병원 응급실로 뛰어가야 했다. 막 돌이 지났을 때쯤, 그때도 갑작스럽게 아이가 열이 많이 올랐다. 환절기 감기일 수도 있으나 안심할 수는 없었다. 서울대학병원 응급실로 뛰어갔다. 감염 증상이었다. 아이는 며칠 동안이나 입원을 해야 했다. 낮에는 일을 하고 밤에는 병원으로 퇴근하는 일이 반복되었다.

그 당시 나는 어느 보험회사 백업시스템을 구축하는 프로젝트를 맡고 있었다. 기본이 되는 운영체제Operating System를 내가 잘 알고 있어서 갑자기 나한테 맡겨진 일이었다. 하지만 운영체제 위에 구동을 해야 하는 백업시스템 구축은 나도 처음 경험하는 일이었다. 교육을 먼저 받고 일을 하면 좋겠지만 그럴 만한 여유가 없었다. 혼자서 공부를 해가면서 구축을 할 수밖에 없었다. 부서에서 내 일을 대신해줄 사람도 없었다. 고객과 약속한 납기일은 반드시 지켜야 해서 휴가를 쓸 수도 없었다. 밤낮으로 정신없는 생활의 연속이었다.

그렇게 정신없이 시간을 보내고 있을 때, 어느 날 팀장님 요청으로 팀장님과 점심 식사를 같이하게 되었다. 팀장님께서는 본인이 곧 다른 조직으로 가게 될 것 같다는 말씀을 하셨다. 아이도 아픈데 밤낮없이 고객사에서 고생하는 나의 상황을 무척이나 안타까워하셨다. 그 때문인지 나에게 조금 편한 내부 업무로 일을 변경하면 어떻겠느냐는 제안도 조심스럽게 하셨다. 팀장으로서 본인이 해줄 수 있는 마지막 배려가 될 것이라고도 하셨다. 나는 조심스럽게 그 제안을 거절했다. "재미가 없을 것 같아서요"가 나의 이유였다.

사실 몸도 마음도 많이 힘들었던 때라 팀장님 제안에 귀가 솔깃

해지기도 했다. 하지만 내가 하는 일에 대해 고객으로부터 그 결과를 확인하고 그들의 피드백을 듣는 것을 포기할 수는 없었다. 이는 내가 일을 하는 의미이고 즐거움이었다. 나의 전문성이 점점 높아지면서 고객들이 겪고 있는 기술적 문제를 쉽게 해결해주는 것은 보람된 일이었다. 새로운 기술이 나올 때마다 나는 항상 내가 해보겠다고 손을 들었다. 그렇게 해서 나의 전문 영역을 지속적으로 확장해나갔다. 이렇게 습득한 IT 기술들을 고객사에 실제로 구현하면서 많이 배울 수 있었다. 예상치 못한 장애나 고객 불만이 있을 때도 있었다. 하지만 장애를 해결하고 고객이 불만을 가지는 요인을 잘 분석하여 대처하면서 성취감도 조금씩 더 높아졌다.

　나의 이러한 경험은 리더가 된 후에도 조직의 직원들이 실질적인 경험을 더 많이 하도록 만드는 것에 초점을 맞추게 되었다. 현장 중심의 경영을 중시했다. 우리가 하는 일이 최종고객에게 미치는 영향력을 직원들이 직접 확인할 수 있도록 고객과의 교류를 활성화했다. 직원들이 자신들의 업무 영향력을 직접 확인하여 일의 의미를 느낄 수 있게 했다. 이렇게 고객 중심 활동을 함으로써 고객들이 느끼는 우리 기관의 서비스에 대한 만족도도 올라갔다. 이는 고객만족도 조사에서 월등히 높은 수치로 나타났다. 이러한 고객들의 좋은 피드백은 다시 직원들의 의미동기를 높이고 더욱더 열심히 해야겠다는 생각을 뒤따르게 했다.

파워, 일을 실행하는 원동력이자 속도

내가 처음 근무한 회사에는 경력 경로가 두 가지가 있었다. 전문가Specialist 경로와 관리자Generalist 경로였다. 전문가에 대한 중요성을 인식하고 있는 회사였고 전문가 경로를 선택하더라도 높은 직급이 보장되었다. 나는 전문가 경로로 계속 가는 것이 나한테 맞을 것이라고 생각했었다. 17년의 시간을 전문가로서 프로젝트를 맡아 시스템을 구축하고 컨설팅을 진행했다. 또 고객사에 대형 장애가 발생하면 밤낮없이 불려나가 장애 현장에서 밤을 새우기도 했다.

어느 날, 회사 부사장님으로부터 관리자(팀장)가 되어보지 않겠느냐는 제안을 받았다. 가지 않은 길에 대한 호기심, 새로운 일에 대한 흥미로 관리자의 길로 들어서게 되었다. 그렇게 들어선 길은 또 다른 신세계였다. 팀의 미션에 따른 목표를 정하고, 그 목표를 달성하기 위한 다양한 전략을 고민했다. 전략을 위한 실행 계획을 만들어 하나씩 실행해나갔다. 직원들 한 사람 한 사람의 성향과 흥미, 역량 등을 파악해나갔다. 그리고 그에 맞는 임무와 일을 부여하면서, 나는 '파워Power'에 대한 정의를 새롭게 하게 되었다. 나에게 '파워'는 일을 실행하는 원동력이자 속도였다.

전문가로서 일을 할 때는 내가 맡은 프로젝트에 대해서 그 진행 기간 동안만 영향력을 행사할 수 있었다. 하지만 관리자는 일정 기간 지속되는 팀을 경영하게 됨으로써 영향을 줄 수 있는 시간과 영역이 확장되었다. 실행 속도 또한 팀원들 모두가 한 방향을 바라보게 되면 직원들 숫자 이상으로 배가될 수 있었다. '아, 그렇지 이런 속도가 바로 '파워'구나.' 또 다른 나의 일에 대한 영향력이 확인되었다. 내가 하는 일로 팀원들이 성장하고 회사의 목표에 빠르게 다가가면서 나는 파워의 의미를 다시 생각하게 되었다. 회사에서 직급이 올라가는 것은 파워를 얻음으로 인해서 실행 속도를 빠르게 한다는 것이었다.

나는 관리자가 되기 전에는 회사 내에서 전문가specialist로 이미지가 굳어 있었다. 무언가 하나를 잘하는 사람은 다른 것도 다 잘할 수 있는 가능성이 높다는 것이 나의 생각이다. 그런데 직장에서는 상황이 좀 다르다. 전문가로 이름을 알리면 회사는 그 직원이 마치 그 일만 해야 하는 것처럼 생각한다. 그리고 다른 경력 경로가 거의 고려되지 않는다. 그래서 결국 관리자나 승진은 전문가가 아닌 제너럴리스트의 몫이 된다. 나도 윗분들에게 훌륭한 전문가로만 인식되었던 것 같다.

약간 늦게 관리자가 되었지만 좋은 관리자가 되기 위한 노력을 했다. 리더십, 직원 성장, 동기부여, 성과 관리 등 관리자로서 일을 더 잘할 수 있도록 많은 연구를 했다. 팀이 성장하고 직원들이 성장하고 변화하는 모습은 관리자로서 나의 일의 의미가 되었다. 점점 나의 영역이 넓어지면서 나의 영향력을 확인할 수 있는 결과도 점점 커졌다. 10명으로 시작한 팀에 다른 기능들이 추가되면서 직원들 수가 많이 늘었다. 팀장으로 일한 지 3년 만에 세컨드 라인 매니저Second Line

Manager, 팀장의 팀장가 되었다.

　내가 회사를 위해 한 올바른 의사 결정으로 팀과 회사가 더 빠르게 좋아짐을 느꼈다. 그런 속도를 느끼면서 팀장으로서 일하는 것이 재미있었다. 회사에서 임원이 되고, 국내 대기업 임원으로 이직을 했다. 정부 기관의 기관장으로도 일을 했다. 나는 이렇게 이 길을 계속 걸었다. 조직의 규모에 따라, 주어진 환경에 따라, 구성원들에 따라, 조직에 부여된 미션에 따라 나의 리더십도 계속 발전해나갔다. 그리고 직원, 팀, 조직, 회사, 국민으로 나의 영향력은 점점 확대되었다. 지난 30년은 다양한 기술을 습득하고 내가 한 일의 결과를 확인하고 피드백을 통해서 계속 발전하면서 꾸준히 성장해온 길이었다.

우리의 뇌는 도전적인 일을 하면서
즐거움을 느낀다

　운동이나 게임을 싫어하는 사람들이 그러한 활동에 몰입하는 사람들에게 느끼는 의문 중 하나가 '왜 자꾸 어려운 것에 도전할까?'이다. 즐기기 위해 시작한 일이 때로는 스트레스까지 주는데 계속하니 도무지 이해할 수 없는 것이다. 그런데 조직행동학자 댄 케이블가의 저서《그 회사는 직원을 설레게 한다》에서 말한 다음의 내용이 그 의문에 대한 해답이 될 수 있다.

　"진화를 통해 우리는 탐험, 실험, 학습하고자 하는 감정적 충동을 갖게 되었다. 우리 두뇌는 단순하고 일반적인 과업을 수행하는 대신, 새로운 것을 학습하고 능력을 활용할 새로운 방식을 찾도록 우리를 이끈다. 탐색 시스템의 이 충동에 따를 때 도파민이 분비되어 기분이 좋아지고 더 나아가 계속 탐험하도록 동기가 부여된

다. 우리가 새롭고 도전적인 일을 하면서 즐거움을 느끼는 것은
인간의 자연적인 본능이다."

글로벌 회사 VS 국내 회사

첫 직장이던 글로벌 회사를 그만두고 국내 대기업으로 이직을 했
다. 퇴사를 만류하던 윗분이 했던 이야기가 있었다. "김 상무의 가장
큰 장점 중의 하나는 모든 일에서 굉장히 솔직straightforward하다는
것입니다. 그 장점은 글로벌 회사에서 빛이 나는 장점이고 사내정치
가 심한 국내 회사에서는 그런 장점은 단점이 될 수 있습니다." 나는
그때 생각했다. 어쩌면 그분 말씀이 맞을 수 있다. 하지만 다른 환경
에서 나를 잃지 않고 어떻게 성장하고 적응해나가는지 나 자신을 지
켜보고 싶었다.

내가 경험한 글로벌 회사와 국내 회사, 각각의 성격은 비교적 뚜
렷하다. 국내 회사는 국내가 헤드쿼터인 만큼 다양한 의사결정의 권
한이 글로벌 회사보다 훨씬 크다. 글로벌 회사처럼 헤드쿼터에서 정
해주는 전략에 따라서 움직이는 것이 아니라, 모든 전략을 국내에서
수립하고 움직인다. 그래서 업무의 스펙트럼이 넓다. 반면에 업무에
대한 프로세스, 역할과 책임R&R,Role and Responsibility, 평가 등에 대한
객관성이 떨어진다.

글로벌 회사는 국내에서 실행하는 많은 전략들 대부분이 해외 헤드쿼터에서 결정이 된다. 로컬의 특수성을 감안하기 위해 헤드쿼터를 설득해서 전략을 수정하기에는 시간이 걸린다. 로컬의 의견에 따라 헤드쿼터의 정책을 바꾸는 것이 쉽지 않다. 글로벌 회사는 업무에 대한 전문성을 필요로 한다. 그에 따라 직원들 교육에 많은 투자가 있었다. 개인이 열정만 있으면 뭐든 배우고 일할 수 있는 구조였다. 회사가 가지고 있는 다양한 전략과 전 세계에서 나온 산출물, 참고자료는 조금만 수고하면 쉽게 접근할 수 있었다. 미국에서 있었던 보험회사의 사례를 국내 보험회사 고객에게 적용하면서 금융산업에서의 글로벌 레퍼런스를 추구할 수 있었다.

글로벌 회사는 어떤 회의에서든 그 자리에서 토의와 토론이 활발했다. 모두들 전문성을 가진 사람들이기 때문에 임원회의라 하더라도 사전에 모든 내용이 조율될 필요가 없다. 회의에서 문제를 이야기하고 결론을 내고 실행 계획을 수립한다. 그리고 실행 계획대로 제대로 실행이 되는지를 점검한다. 각 조직의 역할과 책임이 비교적 뚜렷하다. 소위 말하는 재무적 숫자에 의한 객관적인 성과를 중요시한다. 객관적 성과가 떨어짐에도 이를 보완하기 위해 포장하거나 주관적인 해석을 하지는 않는다. 성과에 대한 비교적 투명한 평가는 장점이었다.

《무엇이 성과를 이끄는가》에서 이야기하는 일을 하는 인간의 내적 동기 3가지는 일의 즐거움, 의미, 성장이다. 인간의 뇌의 특성은 단조로운 일보다는 새로운 일을 접하는 것을 좋아한다. 도전적인 일이 즐겁게 느껴진다. 내가 하는 일이 사회를 이롭게 하고 타인에게 도움을 줄 때 의미를 느낀다. 일을 함으로써 내가 배워나갈 때 성장이라는 동기도 충족이 된다. 많은 이들이 이야기하는 이직의 조건 중 하나가 더 이상 배울 것이 없을 때라고 한다. 이는 일이 너무 익숙해지고 단조로워져서 일에서 즐거움 동기나 성장 동기를 충족할 수 없기 때문이다. 그러한 이유로 이직을 한 내가 글로벌 회사와 국내 회사의 장단점을 피부로 체험한 것은 큰 자산이 되었다.

제너럴리스트를 꿈꾸던 직원은 어떻게 최고의 전문가가 되었을까

글로벌 회사에서 일을 하다 국내 대기업으로 이직을 했다. 전 직원들과 한 시간씩 일대일 면담을 진행하면서 직원들에 대해 파악을 해나갔다. 전에 근무하던 글로벌 회사의 직원들과는 생각이 많이 달랐다. 회사 제도적인 측면도 많이 달랐다. 글로벌 회사에서는 모든 직원 평가와 승진에 대한 의사결정은 현업에서 했다. 인사 조직에서 하는 일은 가이드라인을 제공하는 것뿐이었다. 옮긴 기업은 직원 평가는 현업에서 진행했지만 승진에 대한 최종 의사결정은 현업의 몫이 아니었다. 승진 대상자를 선정해서 올리고 결과는 나중에 통보받는 식이었다. 현업에서 예외적인 부분을 허용받기가 힘든 구조였다. 인사 조직의 권한이 컸다.

글로벌 회사에 근무하는 직원들은 전문성을 많이 중시했다. 그래서 좀 힘들더라도 더 배울 수 있는 일을 선호했다. 새로운 기술에 대한 선호도도 높았다. 기획과 같은 오퍼레이션 조직이나 인사 조직은 현업을 지원하는 조직이었고 직원들의 선호도도 그리 높지 않았다. 내가 옮긴 국내 기업의 직원들은 전문성을 중요하게 생각하지 않았다. 인사 조직의 권한이 커서인지 직원들이 가장 선호하는 조직 중의 하나가 인사 조직 또는 기획 조직이었다.

입사한 지 3년 미만인 직원이 있었다. 그는 딜리버리팀에서 프로젝트 매니저를 하고 있었다. 면담 중에 그 직원이 프로젝트를 관리하는 방식과 산출물에 대해 듣고 보게 되었다. 놀라웠다. 아직 전문적인 프로젝트 관리자라고 하기에 부족한 점은 분명 있었다. 하지만 나름대로 많은 고민을 하면서 본인이 맡은 프로젝트를 잘해보려는 노력이 곳곳에 묻어 있었다. 다만 프로젝트 팀원으로서 프로젝트를 수행해보거나 고객들에게 프로젝트 제안을 직접 해본 경험이 없어서 일의 선후가 바뀐 듯했다. 원래 프로젝트 매니저는 관련 프로젝트를 수행한 경험이 필수이고 맡은 프로젝트의 실질적인 내용을 꿰뚫고 있어야 제대로 된 프로젝트 관리자가 될 수 있다. 그 직원에게는 기본적인 경험이 필요해 보였다.

해당 직원을 불러서 기본적인 경험이나 전문성을 좀 더 쌓기 위해 컨설팅팀으로 옮기는 것이 어떠냐는 제안을 했다. 직원은 조금 생각해보겠다고 했고 다음날 다시 마주 앉았다. 많은 고민을 한 듯했다. 당연히 컨설팅팀으로 옮기겠다고 이야기할 줄 알았는데, 직원의 대답은 뜻밖이었다. "회사 선배들로부터 많은 이야기들을 들었습니다. 선배들 대부분은 임원이 되려면 전문가가 되면 안 된다고 합니다. 제너럴리스트가 되어야 한다고 합니다. 그러기 위해 저는 컨설팅팀이 아닌 선임팀으로 가고 싶습니다." 나는 적잖게 당황했었다.

사실 본부의 모든 직원들과 일대일 면담을 하면서 내가 직원들한테 가끔 들었던 이야기가 있었다. 개인의 역량이 중요한 회사가 아니고 회사의 비즈니스 모델로 가는 회사라는 이야기였다. 안정된 회사의 비즈니스 모델 속에서 직원들은 제너럴리스트가 되기를 희망했고 그것이 바로 임원이 되는 길이라고 생각했다. 직원과 조금 더 이야기를 나누었다. 지금은 우리 회사가 비즈니스 모델로 가고 있다고 하더라도, 점점 경쟁이 심화되는 상황에서는 직원들의 전문성이 보다 더 중요해질 것이다. 그리고 개인적으로도 전문성을 쌓아가는 것이 조금 고생이 되더라도 본인 브랜드에 차별점이 될 것이다. 마침내 직원은 나의 이야기에 마지못해 동의했고 컨설팅팀으로 옮겨서 일을 하게 되었다.

컨설팅팀에서의 일은 전문적이고 논리성이 필요한 일이었고 그 직원의 성향에도 잘 맞았다. 새로운 일을 배워가는 것도 재미있다고 했다. 직원 개인과 팀의 성과도 좋았다. 3년 정도 지난 어느 날 그 직원이 다른 조직에 가서 일을 하고 싶다고 했다. 그 직원이 가고 싶은 곳은 회사의 신규 비즈니스 모델을 만드는 조직이었다. 나는 흔쾌히 동의했다. 직원 개인적으로 충분히 많이 배웠고 다른 일을 해보는 것이 개인의 경력과 성장에 도움이 될 수 있을 것이라고 생각했다.

직원의 역량이 뛰어나다고 계속 나의 조직에서 같이 일을 해야 하는 것은 아니다. 내가 생각하는 좋은 조직의 여러 가지 조건 중 하나는 구성원들의 엑시트 패스Exit Path이다. 같이 일했던 직원들이 조직을 떠나서 좀 더 다양한 경력을 추구하고 좀 더 발전된 조직으로 옮기는 것이 좋은 조직의 중요한 요소이다. 직원들이 훌륭하게 성장해서 다른 조직으로 떠난다. 조직의 다른 직원들이 앞선 직원들을 대체하면서 성장한다. 그들도 다른 조직 또는 다른 회사로 떠난다. 이렇게 지속적으로 선순환을 하면서 회사 전체와 대한민국이 점점 더 훌륭한 인재로 채워지는 데 일익을 담당하는 것은 보람된 일이다.

그렇게 그가 다른 조직으로 옮긴 지 한 달이 되지 않아 다시 찾아왔다. 글로벌 컨설팅 회사로 이직을 하겠다는 말을 했다. '제너럴리스트를 추구하면서 회사의 성향에 맞는 임원이 되겠다고 한 것이 불과 3년 전이었는데, 3년 동안 많이 변했구나' 하는 생각이 들었다. 그렇게 그 직원은 회사를 떠났다. 그는 컨설팅 펌을 거쳐 국내 굴지의 카드사로 이직을 했다. 그리고 지금은 젊은 직원들이 가장 입사하기를 선호하는 K사에서 팀장으로 일하고 있다.

안정적인 직장을 버리고 어떻게 항공기 조종사의 꿈을 찾아갔을까

A는 다른 조직에서 일하다 우리 조직으로 온 직원이었다. 입사한 지 3년 남짓 된 직원이었다. 보통의 다른 선배들보다 본인이 맡고 있는 일을 더 잘하는 뛰어난 직원이었다. 그 당시 내가 맡고 있는 조직은 고객들을 대상으로 컨설팅을 진행하면서 많은 제안 발표를 해야 했는데 고객과의 계약을 성사시키기 위해서는 제안 발표 내용을 고객의 요건에 맞게 잘 구성해야 했다. 또, 제안 발표 시에 발표력과 고객의 질의에 대처하는 능력이 필요했다. 그런데 대부분의 직원들은 이러한 경험이 많지 않아 몹시 힘들어했다. 절대적인 트레이닝이 필요한 시점이었다.

그러던 중에 A가 눈에 들어왔다. A는 다른 사람들 앞에서 발표하는 것을 좋아했고 발표 스토리라인을 잘 구성했다. 다른 사람들을 가르치는 것도 좋아했다. A와 마주 앉아 새로운 일을 제안했다. 본부 전체 직원들의 발표력을 키우는 일이었다. 본부 내의 모든 직원들에게 기본적인 발표 잘하는 방법을 가르치는 것부터 시작했다. 제안 발표의 스토리라인을 검토해주고 발표 직원의 발표 리허설까지 꼼꼼하게 챙기는 것까지가 A가 해야 하는 업무 영역이었다.

A의 열정은 놀라웠다. A는 본인 업무에서 많은 아이디어를 냈고 교재 준비부터 본인 주도로 하나씩 해나갔다. 먼저 나와 팀장들이 A가 강의하는 발표 교육을 들었다. 발표 교육이다 보니 발성연습부터

해야 했고 우리는 A의 지시에 열심히 따랐다. 나의 발표에 대해 객관적인 피드백을 들을 수 있었고 부족한 점을 채울 수 있었던 시간이었다. 그다음은 직원들이 순서를 정해 교육을 수강했다. A의 아이디어로 거울로 둘러싸인 제안 발표 리허설룸도 별도로 만들었다. A를 그 분야의 전문가로 만들기 위해 아나운서 과정을 비롯하여 외부 교육을 수강하게 했다. 발표를 두려워하던 직원들이 하나씩 적응해나가고 제안 발표 스토리라인도 점점 탄탄해졌다.

그렇게 일 년쯤 시간이 지났다. A가 회사를 그만두고 싶다고 했다. A에게는 오랜 꿈이 있었고 그것은 비행조종사가 되는 것이었다. 이루지 못할 꿈이라고 접었고 회사에 취직도 했다. 회사는 안정적이었고 하고 싶은 일을 하게 되었다. 그런데 하고 싶은 일을 하다 보니 본인이 포기한 꿈이 생각났다. 지금도 좋은데, 그토록 원하는 비행조종사가 되면 얼마나 좋을지를 자꾸 떠올리게 되었다. 부모님의 만류가 있었지만 A의 고집을 꺾지는 못했다. A는 애리조나 비행학교에 등록을 했고 꿈을 찾아 떠났다. A가 떠나고 몇 달이 지난 후 사진 한 장이 카카오톡으로 날라왔다. 사진 속에서 A는 비행기와 함께 활짝 웃고 있었다. 오늘이 첫 시험 비행이라며 많이 떨린다고 했다. A를 응원한다.

탐색활동으로 한 번 자극된 새로운 일을 통한 즐거움은 중독성이 있어 지속적으로 새로운 일을 배우고 도전하게 한다. 이것은 우리의 뇌가 원하는 방향이다. 이렇게 새로운 일을 도전적으로 하다 보면 개인의 성장은 따라오게 된다. 이런 선순환 사이클은 계속 작동하게 된다. 그 주기에 있어서는 개인마다 차이가 있을 수 있다. 그리고 방법에 있어서도 꼭 이직만이 답은 아닐 것이다. 같은 회사에서 다른 업무를 찾을 수도 있고, 내가 하는 일의 영역을 좀 더 확장해서 새로운 일을 더 받아들일 수도 있다. 인간인 우리 모두는 탐색활동을 좋아하는 뇌의 소유자이다.

Part 2

나를 성장시키는
업무 능력

기술이 바뀌고 환경이 바뀌었지만 우리는 알게 모르게 기존의 방식을 고수하고 있는 것들이 많다. 조직 문화와 조직 체계를 바꾸고 제도와 시스템을 바꾸는 것이 지금 시대에 더 맞는다는 것을 알면서도 여러 가지 이유로 또 용기가 없어서 못하기도 한다. 지금의 내가 내린 잘못된 판단이 미래 나의 조직의 성장의 걸림돌이 될 수 있다는 생각을 해야 한다. 개인적인 편안함과 구태 의연함을 추구함으로 인해 미래 나의 조직의 성장을 가로막는 사람이 될 수도 있다는 생각을 해야 한다. 지금의 내가 미래의 나의 조직에 미칠 영향을 생각해서 더 늦기 전에 지금 시대에 맞는 유연성을 발휘해보자. 용기 있게.

논리력과 창의력
복잡한 문제를 해결하는 능력

이 시대 가장 요구되는 것은
복잡한 문제를 해결하는 능력

기술의 발달로 인해 단순 반복적인 일이 사라진다는 내용으로 전 세계에 큰 충격을 준 〈직업의 미래 보고서〉가 세계경제포럼World Economic Forum에서 발행되자 당시 언론을 비롯해 많은 사람들의 주목을 받았다. 〈직업의 미래 보고서〉에는 2020년에 요구되는 주요 스킬을 조사한 내용도 담고 있다. 보고서에 따르면 복잡한 문제 해결 능력이 2020년에 가장 필요한 스킬로 꼽혔다. 수치로 보면 36%였다. 두 번째로 필요한 스킬은 사회적 능력이었다. 사회적 능력은 19%였다. 복잡한 문제 해결 능력이 사회적 능력에 비해 중요도 수치에서 2배 가까이 높다. 복잡한 문제 해결 능력의 중요성에 대해 알 수 있다.

복잡한 문제 해결을 위해서는 먼저 전문성이 전제되어야 한다. 문제 해결을 위해서 가장 중요한 것은 문제에 대한 제대로 된 정의를 하는 것이다. 문제 정의가 제대로 안 되면 엉뚱한 곳에 힘을 쏟게 된다. 우리가 원하는 기대 목표와 현황 사이에 존재하는 차이가 문제이다. 문제를 정의하기 위해서는 명확한 목표와 현황에 대한 분석을 해야 한다. 현황을 분석해서 근본적인 원인을 찾아내고 해결방안을 찾는 노력이 필요하다. 여기서 5Why 기법과 같은 질문 기법이 요긴하게 쓰인다.

문제 해결은 문제가 무엇인지 정의하는 것부터가 시작이다

문제가 발생했을 때 문제가 무엇인지 정확히 모르는 것이 가장 큰 문제일 때가 있다. MIT 슬로언 경영대학의 교수이면서 학습 조직 이론의 창시자인 피터 센게의 책 《제5 경영》에 나오는 다음의 우화가 그 대표적인 사례이다.

"술에 취한 한 남자가 밤에 가로등 밑에서 무언가를 찾고 있다. 길 가던 행인이 그에게 무엇을 하느냐고 묻는다. 그는 동전을 잃어버렸다고 말한다. 행인은 동전을 어디서 잃어버렸느냐고 묻는다. 그러자 그는 저기 컴컴한 곳에서 잃어버렸다고 대답한다. 그러자 행인은 황당해하며 '그럼 그곳에서 찾아야지 왜 가로등 밑에서 헤매고 계십니까?' 하고 묻자 그가 대답한다. '거기는 어두워서 뭐가 보여야 말이지!'"

문제에 대한 정확한 정의를 통해 불 켜진 가로등 밑에서 잃어버린 동전을 찾는 것과 같은 잘못을 범하지 말아야 한다.

일 잘하는 사람은 일에서 생기는 복잡한 문제를 잘 해결해내는 사람이다. 과거에는 문제를 해결하는 역량이 의사결정 권한이 있는 리더에게 한정되어 있었다. 특히 관료형 기업에서는 강한 위계질서에 따라 위에서 결정된 대로 직원들은 실행만 하는 것이 대부분의 일이었다. 기업을 둘러싸고 있는 환경도 지금과 달리 고정적인 부분이 많았다. 하지만 지금의 시대는 기업을 둘러싸고 있는 환경이 급변하고 있다. 산업이 급변하고, 기술이 급변하고, 경쟁 구도가 급변하고, 고객의 요구사항도 급변하고 각종 규제가 변하고 있다. 이러한 환경에서는 리더가 문제를 해결해줄 때까지 기다릴 수도 없을뿐더러 리더가 모든 내용에 대해 다 알 수도 없다. 직원들은 각자의 위치에서 변화하는 환경에 맞추어 적응적 역량을 발휘해야 한다. 우리가 일을 잘하기 위해서는 문제 해결을 잘해야 하는 것이다.

문제 해결을 잘하기 위해서는 먼저 문제에 대한 정의를 잘해야 한다. 문제에 대해 아무런 고민 없이 무작정 달려들어 해결을 하려고 하면 일은 더 꼬이게 되고 시간만 흘러간다. 어떤 문제에 맞닥뜨렸을 때, 가장 먼저 해야 할 일은 우리가 해결해야 할 문제가 무엇이지 명확하게 정의하는 것이다. 문제라는 것은 우리가 기대하는 목표와 현재의 상황 사이에 갭이 있다는 것을 의미한다. 그렇다면 일에서 목표하고 있는 이상적인 상태가 무엇인지를 제대로 알아야 한다. 그리고 현재 일의 진행 상태를 정확히 꿰뚫고 있어야 문제를 알아낼 수 있다. 의외로 많은 사람들이 자신이 해결해야 할 문제를 잘 모르고 다른 곳에서 헤매는 경향이 있다.

최근에는 빅데이터와 인공지능 기술의 발달로 이를 활용하려는 움직임이 커지고 있다. 대학생들 대상의 공모전을 진행하는 기관도 늘고 있다. 공모전에 심사위원으로 참여하면서 느낀 점은 주객이 전도되는 일이 많다는 것이다. 빅데이터와 인공지능은 하나의 기술이다. 이러한 기술의 활용은 문제를 풀기 위함이다. 그런데 많은 경우 분석을 위한 분석을 하는 것처럼 보인다. 먼저 해야 할 일은 기술을 활용해서 해결하고자 하는 문제가 무엇인지를 정의하는 것이다. 그리고 그다음에 그 문제를 풀기 위해 어떤 데이터가 필요하며, 어떤 알고리즘을 쓰는 것이 정확도를 높이는지를 순차적으로 풀어나간다. 결과적으로는 처음에 해결하고자 하는 문제에 어떻게 도움이 되었는지를 확인하는 것이 중요하다.

질문을 통해 문제의 근본 원인을 찾는 5 Why 기법

문제를 정의했으면 문제의 현황과 근본 원인을 찾는 단계로 넘어가야 한다. 이를 위해서는 질문을 활용하는 것이 좋다. 프랑스의 정치가 가스통 피에르 마르크가 "무슨 답을 하는지보다는, 무슨 질문을 하는지를 통해 사람을 판단하라"라고 말한 것도 같은 맥락이다. 일찍부터 유대인들은 질문의 중요성을 깨닫고 있었다. 짝을 지어 질문하고 대화와 토론을 통해 논쟁하는 것이 유대인의 교육방식인 하브루타 교육법의 핵심이다. 하브루타 교육법은 질문으로 시작하고 질문으로 끝난다. 질문과 토론을 통해 문제 해결력과 창의성을 자극한다. 유대인의 사고의 우수성은 바로 이 하브루타 교육법에서 나온다고 한다.

질문의 중요성은 누구나 알지만 현실에서는 문제 해결에 급급한 나머지 오히려 질문을 자제시킬 때가 있다. 그런데 급할수록 질문을 통해 문제 해결을 도모해야 하는 까닭은 커뮤니케이션 전문가 도로시 리즈의《질문의 7가지 힘》을 보면 알 수 있다. 그가 이야기한 질문의 힘 7가지는 다음과 같다.

1. 질문을 하면 답이 나온다.
2. 질문은 생각을 자극한다.
3. 질문을 하면 정보를 얻는다.
4. 질문을 하면 통제가 된다.
5. 질문은 마음을 열게 한다.
6. 질문은 귀를 기울이게 한다.

7. 질문에 답하면 스스로 설득이 된다.

또한 질문은 메타인지를 상승하게 한다. 질문에 답을 하는 과정에서 내가 무엇을 알고 무엇을 모르는지가 더 명확해진다. 질문을 해서 문제의 근본 원인을 찾는 것은 문제 해결을 위해 중요하다.

무슨 일에서건 지금 하고자 하는 방안이 근본적인 해결방안인지를 고민할 필요가 있다. 공무원이 국가 예산을 집행하는 데 있어서 근본적인 원인에 대해 파악하려는 노력을 하지 않는다면 예산 낭비와 비효율성을 가져올 것이다. 공무원 대상의 강의를 진행하는 기회가 있을 때마다 항상 이 부분을 강조하는 이유가 여기에 있었다. 피상적인 한두 가지의 원인만을 찾아 해결하고자 한다면 근본적인 원인은 개선되지 않고 예산만 낭비할 수 있기 때문이다. 근본적인 원인이 해결되지 않고 시간이 지나면 똑같은 일이 반복된다. 근본적인 원인이 해결되었다면 같은 문제는 반복되지 않는다.

이와 관련된 좋은 사례로 데이브 마컴의 《비즈니스 씽크》에 나오는 워싱턴주의 제퍼슨 기념관 이야기가 있다. 이 사례는 문제의 근본 원인을 찾기 위해 왜 이런 일이 발생했는지를 계속 질문을 하는 것인데 '5 Why 기법'이라고도 한다. 제퍼슨 기념관은 벽이 심하게 부식되는 문제가 있었다. 기념관은 1943년에 완공되어 낡았으니 부식되는 게 당연하다고 생각할 수도 있다. 하지만 당시 기념관장은 왜 그럴까 하는 의문을 가졌다.

비눗물로 자주 청소해서 벽이 심하게 부식된다는 답변이 나왔을 때, 부드러운 세제를 사용하거나 돌을 교체하거나 하는 대안도 있었다. 하지만 다른 기념관들도 같은 돌로 지어졌고 자주 청소하지도 않기 때문에, 다시 한 번 '왜?'라는 질문을 한다. '왜 자주 청소를 하게 되는가?' 답변은 '많은 비둘기가 몰려 배설물을 남기기 때문'이었다. '왜 비둘기들이 몰려드는가?'라는 의문에 '비둘기들이 거미를 먹으러 온다'라는 답이 나왔고, '왜 거미가 많이 생기는가?'라는 질문에는 '거미들은 나방 떼를 먹고 산다'라고 추측이 되었다. '왜 나방 떼가 나타나는가?'라는 문제 제기에는 '해질 무렵 기념관의 불빛을 보고 몰려든다'라고 결론을 내렸다.

이렇게 5단계까지 나아가서 기념관의 전등을 2시간 늦게 켜는 것으로 결론을 내린다. 실제로 기념관은 해질 무렵 5시 정도부터 불을 켜 놨었다고 한다. 이를 늦춰서 나방이 모이지 않게 되었고 결과적으로 벽의 부식이 심화되지 않았다고 한다. 문제를 정의하고 이를 해결하는 방안을 찾는 데 있어 근본적인 원인을 찾는 것이 중요하다. 만약 제퍼슨 기념관 사례에서 질문을 두 번째나 세 번째에서 그치고 말았다면 엉뚱한 해결 방안이 나왔을 것이다.

기업에서도 마찬가지이다. 보다 근본적인 해결방안을 찾아 문제 해결을 하려는 마음가짐이 중요하다.

관심과 관찰로부터
시작되는 문제 해결

막상 창의성의 개념을 정의하려고 하면 막막하기 마련인데 이에 관한 스티브 잡스의 유명한 말이 있다. "창의성이란 단지 점들을 연결하는 능력이다. 창조적인 사람들한테 어떻게 그걸 했냐고 물어보면, 그들은 약간 죄책감을 느낀다. 왜냐하면 그들은 뭔가를 한 게 아니라, 뭔가를 봤기 때문이다. 그들한텐 명명백백하다. 그들은 경험을 연결해서 새로운 걸 합성해낸다." 창의성은 무에서 유를 창조하는 것이 아니다. 스티브 잡스가 점들을 연결하는 능력이 창의성이라고 한 것처럼 유와 유를 연결하여 새로운 유를 만드는 것이다. 또는 유를 기존과 다르게 새로운 해석을 하는 것이기도 하다. 경제학자 조지프 슘페터 교수도 이렇게 말했다.

"다른 것을 창조하는 것 또는 같은 것을 다른 방법으로 창조하는 것은 그 구성 소재 및 영향을 미치는 요소를 다른 방식으로 조합하는 것이다. 흔히 말하는 개발이란 조합을 시도하는 것과 다르지 않다."

창의적 문제 해결의 첫걸음은 관심과 관찰

창의성에서 가장 중요한 요소는 관심과 관찰이라고 한다. 지속적이고 의식적인 관찰을 통해 새로운 것을 발견해내는 것이 창의성이다. 일에서 창의성을 발휘한다는 의미는 무엇일까? 맡고 있는 업무가 새로운 비즈니스 모델을 만들고 신규 상품을 기획하는 일이어야만 창의성이 필요한 것은 아니다. 일에서의 창의성은 기존에 하던 방식대로가 아닌 일을 새로운 시각으로 바라보는 것부터 시작된다. 다르게 할 수 있는 방법을 찾아보는 것이다. 그리고 더 나은 방법이 없을까를 고민해보는 것이다. 발명가 트레버 베일리스는 말했다.

"성공의 열쇠는 관습적인 사고를 따르지 않는 시도를 감행하는 데 있다. 관습은 발전의 적이다."

윌리엄 맥어스킬의 《냉정한 이타주의자》에는 MIT 교수 마이클 크레머와 레이첼 글레너스터가 아프리카 케냐를 방문한 이야기가 있다. 그들은 케냐의 학교에서 학생들의 출석률을 높이기 위한 방법을 검증해보았다. 무작위 대조실험을 위해 선택안을 실행할 학교 7곳과 실행하지 않을 7곳을 선정하고 이를 비교해보았다. 실험 결과 교과서 제공, 플립차트 제공, 교사 수를 늘려 학급당 학생 수를 줄이는 방법 등 통상적으로 효과가 있을 것으로 생각했던 방법들은 유의미한 결과를 보여주지 못했다.

우연히 세계은행에서 근무한 한 친구의 권유로 시행한 기생충 감염치료가 큰 효과를 가져왔다. 다른 모든 방법보다 기생충 치료가 가장 뛰어난 방법이었고 결석률은 25퍼센트나 줄었다. 학생 1명을 하루 더 출석시키기 위해 드는 비용이 단 5센트였다. 기생충 치료는 교육 외적인 부분에서도 큰 효과를 가져왔다. 빈혈, 장 폐색증, 말라리아와 같은 다른 질병의 위험도 줄어드는 결과를 보여주었다. 10년 뒤 추적 조사 결과 기생충 치료를 받은 아이들이 받지 않은 아이들보다 주당 3.4시간 더 일을 했고 소득도 20퍼센트 높았다.

우리가 하는 일에서 창의성을 발휘하기 위해서는 일에 대한 경험과 전문성이 전제되어야 한다. 이를 바탕으로 하는 일에 대한 의문을 갖는다. 이게 최선인가? 좀 더 다르게 할 수 있는 방법은 없는 건가? 일에서 다른 기술과의 융합을 생각하는 것도 필요하다. 최근에는 기존 산업과 ICT 기술과의 융합이 화두이다. 기존 산업은 이를 통해 일을 좀 더 효율적이고 생산성 있게 하는 방법을 발견해낸다. 또 새로운 비즈니스 모델을 만들기도 한다. 새로운 기술을 접목하는 것은 창의성을 구현하는 데 좋은 시발점이 될 수 있다. 내가 하는 일에 신기술을 접목해서 더 나은 결과를 낼 수 있을까를 늘 고민하면서 기술변화의 트렌드에 관심을 가져야 한다.

미세먼지를 빅데이터와 인공지능으로 분석하다

이제 빅데이터는 어떤 일을 하든지 한 번쯤은 고려해야 할 문제이다. 얀센Janssen M 등은 2017년 《스프링거 논문집》을 통해 〈빅데이터를 통한 공공부문의 혁신 추진〉을 주제로 한 논문을 발표했다. 논문에는 "빅데이터를 기반으로 한 정부의 의사 결정은 효율성, 투명성, 책임성, 신뢰성을 높이고 보다 높은 수준의 대국민 서비스 제공에 기여한다"라고 나온다. 내가 기관장으로 일했던 정부 기관에는 빅데이터 분석과가 있었다. 빅데이터 분석과 업무의 주요 목적은 정부와 지자체 공무원들이 자신들의 업무에 빅데이터를 활용할 수 있게 지원하는 것이었다.

이를 위해 중앙 정부와 지자체 공무원들에게 빅데이터 플랫폼을 제공했다. 공무원들은 우리 기관이 제공하는 플랫폼을 통해 자신들의 업무에 빅데이터를 활용할 수 있었다. 공무원들 대상으로 빅데이터 사용자 교육도 진행했다. 또 국민생활에 필요한 사회적 가치 구현이 가능한 중요 업무에 대해서 빅데이터와 인공지능 분석도 진행했다.

코로나가 발생하기 전에 우리 국민의 최대 관심사는 단연코 미세먼지였다. 뿌연 하늘과 탁한 대기로 오염된 날들이 많았다. 미세먼지가 심각한 날은 대기오염 저감 조치가 시행되었다. 정부 기관과 관공서에는 자동차 2부제가 시행되었다. 전 국민의 관심사인 미세먼지를 데이터를 통해 분석해보자는 생각을 하게 되었다. 우리는 미세먼지 예측 모델을 개발하고 미세먼지에 영향을 미치는 주요 요인들을 파악했다. 예측 모델을 통한 예측 정확도 결과는 신뢰할 만했다.

여러 가지 우여곡절 끝에 2019년 1월에 정부 기관 최초로 미세먼지의 국외 영향이 크다는 보도자료를 발표할 수 있었다. 정부 미세먼지 주관 기관을 방문하여 우리의 빅데이터 분석 내용에 대해 설명하고 논의하는 시간도 가졌다. 미세먼지 주관 기관에서는 주로 수치모델을 활용하여 이를 분석하고 예보하는 일을 하고 있었다. 새로운 기술이 나오면 기존에 하던 방식의 전환이 필요할 수 있다. 새로운 기술을 활용해보고 기존보다 예측 정확도가 높다면 이를 보완적인 요소로 활용하면서 차츰 그 범위를 넓혀나가는 방법을 생각해보아야 한다.

관심과 관찰의 힘으로 라이프 스타일에 맞는 단독주택을 건축하다

흔히 집을 지으면 10년은 늙는다고 한다. 그만큼 집짓기가 생각보다 어렵고 내 마음대로 안 된다는 이야기일 것이다. 그럼에도 불구하고 십여 년 전 사생활이 보호되지 않는 아파트 생활을 접고 부모님과 같이 살 단독주택을 짓기로 했다. 집을 짓는 건 처음부터 가족의 라이프 스타일에 맞는 집을 설계할 수 있다는 장점이 있었다. 완성되어 있는 집을 사는 것보다 경제적 부담도 덜했다. 여러 가지 어려운 점은 있겠지만 일단 도전해보기로 했다.

집을 지을 땅은 서울과 그리 멀지 않은 경기도 지역으로 정했다. 택지를 계약하기까지는 2주의 시간이 걸렸다. 이런 종류의 거래는 그리 오래 생각할 일은 아니다. 과거 부동산에서 몇 번의 시행착오가 있었다. 집을 알아보다가 일이 바빠서 차일피일 미루면 몇 개월이 금방 지나간다. 다시 생각나서 몇 개월 후에 가보면 이전에 알아봤던 가격과는 상당한 차이가 나서 당황하면서 선뜻 결정을 못한다. 그리고 또 몇 개월, 몇 년이 흐르면서 언제 그랬냐는 듯 잊는다.

이런 일을 방지하기 위해 이제는 집을 사거나 중요한 의사결정을 할 때는 하나의 프로젝트로 생각한다. 완료 기간을 먼저 정한다. 기간을 정했으면 그 기간 동안 의사결정을 위한 데이터를 모으고 학습을 한다. 이를 기반으로 정해진 기간 안에 가부를 결정한다. 결정을 했으면 실행한다. 그러고는 끝이다. 결정되고 실행이 끝나면 그걸로 그냥 잊어버리는 것이다. 집을 지을 땅을 사는 프로젝트는 2주 안에 결정을 해야 하는 걸로 정했고 그렇게 했다.

다음 단계는 가족들의 라이프 스타일에 맞는 편안한 집을 설계하는 것이었다. 일이 없는 주말에는 이미 지어진 집의 오픈 하우스 초대에 응했다. 오픈 하우스를 다니면서 집의 외부와 내부들을 잘 살폈다. 집의 외부 모양, 구조, 각 방의 기능, 동선, 인테리어, 쓰이는 자재들도 유심히 관찰했다. 그리고 우리 집에 도입하고 싶은 부분을 기록했다. 평상시에는 잡지나 인터넷에서 예쁜 집 사진, 인테리어 사진들을 모았다. 이들 중에서 우리 집에 어떤 부분을 적용하는 것이 좋을지 고민했다.

우리 가족들의 생활 패턴을 유심히 관찰했다. 가족 각자가 주거공간에서 중요하게 생각하는 것, 그리고 각자 공간에 대한 생각도 듣고 반영했다. 가족들의 공동생활 패턴, 여가시간 활용방법, 수면시간, 다리가 불편하신 아버지의 휠체어 동선, 미끄럽지 않은 화장실 바닥, 드레스룸의 유무, 발코니의 유무, 벽지의 색깔, 하다못해 방문을 열었을 때 방안 전체가 시야에 들어오지 않도록 가림벽을 설치하는 것의 유무 등 개인적인 선호도를 꼼꼼히 체크했다.

집을 설계하고 시공이 끝날 때까지 상당히 많은 의사결정을 하게 된다. 공간의 배치와 같은 중요한 의사결정부터 사소하다면 사소할 수 있는 화장실 타일 고르는 것까지 말이다. 그 의사결정의 중심은 항상 집의 주인이 될 가족이었다. 1년의 시공 끝에 집이 완성되었다.

우리 가족의 라이프 스타일에 잘 맞는 편안한 집이다. 아마 세상에 똑같은 집은 없을 것으로 생각된다. 단독주택 생활을 시작한 지 이제 올해로 7년째다. 살면서 더 정이 가고 편안한 집이다.

단독주택에 사는 것이 단점도 있지만 우리는 단독주택이 주는 장점을 더 크게 생각한다. 땅을 사고 설계를 하고 집을 짓는 과정이 결코 쉬운 일은 아니었다. 집을 짓는다는 것은 종합 예술이었다. 기존에 지어진 집들을 관찰하여 필요한 부분을 적용하고 집에서 살게 될 가족들의 생활 패턴을 관찰하여 세상에 하나밖에 없는 우리 집이 탄생했다. 이미 지어진 집에 맞춰 사는 것이 아니라 우리 가족의 라이프 스타일에 맞게 창의적으로 공간을 구성하여 창조해낸 것이다. 11월 초 일요일, 늦은 아침을 먹으며 정원에 화살나무 단풍이 빨갛게 물들어가는 것을 본다. 정원 한구석 널찍한 토분에 국화가 노랗게 피어 있는 모습도 예쁘다. 올겨울 날씨가 춥다는데 벽난로 장작을 얼마만큼 구매해야 할지를 고민한 아침이었다.

다양한 사고력 활용으로
경계를 넘나드는 사람들

2020년 연예계는 '부캐 열풍'의 한 해였다. 멀티엔터테이너로서의 변화에 먼저 도전한 사람들이 트렌드를 이끈 것이다. 한마디로 '경계를 넘나드는 사람들'이 제2의 전성기를 맞았다. 우리는 흔히 문제를 해결하기 위해서는 논리적 사고력이 필요하다고 생각한다. 물론 논리적 사고력이 문제를 분석하고 해결책을 찾는 데 중요한 요소이지만 수평적 사고력, 통합적 사고력, 디자인 사고력 등 다양한 사고력을 같이 활용할 필요가 있다. 특히 요즈음처럼 창의력이 요구될 때는 말이다.

사고력 계발을 위한 방법들을 찾다 보면 IQ와 EQ, 좌뇌와 우뇌 등 매우 다양한 방법론이 존재함을 알 수 있다. 그런데 이러한 것들을 자세히 들여다보면 어느 하나의 방식이 최고라는 것이 아니라 그동안 한쪽에 치우쳐 문제가 되었으니 균형을 잡도록 다른 요소를 키

위야 한다는 주장이다. 결국 문제 해결을 위해서는 다양한 사고력을 활용할 필요가 있다.

경계를 넘나드는 사람들

다니엘 핑크는 그의 저서 《새로운 미래가 온다》에서 경계를 넘나드는 사람에 대하여 이야기한다. 그가 이야기하는 경계를 넘나드는 사람은 어떤 사람일까? 그는 "그들은 다양한 분야의 전문성을 개발하고, 다양한 언어를 구사하며, 다양한 인생 경험을 즐긴다. 그들이 다양한 삶을 사는 까닭은 즐겁기 때문이다"라고 말한다. '철학교수이자 피아니스트로서 쌓은 기술과 경험을 살려 비즈니스 컨설팅회사를 운영하는 사람. 목회자 겸 소아과 의사. 오페라 작곡가이면서 첨단 음악 장비 개발자. 복잡한 의류디자인에 수학을 접목시킨 사람.' 그가 꼽은 경계를 넘나드는 사람들 예이다. 그들의 공통점은 연관성 없어 보이는 요소들을 연결한 삶을 살고 있는 것이다. 또 좌뇌와 우뇌의 영역을 같이 접목하는 사람들로 해석된다.

우리가 어떤 일을 실행하고 결과를 낼 수 있는 것의 시작은 생각에서부터이다. 생각하는 방법에 따라 몇 가지로 구분하여 이야기하기도 한다. 논리적 사고력, 수평적 사고력, 그리고 논리적 사고력과 수평적 사고력을 통합한 통합 사고력, 디자인 사고력 등이다. 일을 하는 데 필요한 사고력은 어떤 사고력일까? 많은 사람들은 이것과 관련해서 각자의 주장을 이야기한다. 혹자는 이제 디자인 사고력으로 대표되는 창의적 사고를 중요하게 꼽는다. 비즈니스에서 혁신을 이루기 위해서는 창의적 사고만이 살 길이다라고 주장하기도 한다.

논리적 사고는 좌뇌 중심의 사고로 수평적 사고는 우뇌 중심의 사고로 간주한다. 논리적 사고나 수평적 사고 어느 하나만을 가지고 비즈니스를 할 수는 없다. 일에서 부딪치는 여러 가지 문제를 풀기 위해서는 주어진 범위에 대해 수직으로 논리를 가지고 일련의 프로세스에 따라 문제를 해결하는 방법이 필요하다. 또 획일화되지 않은 해법을 찾는 것도 필요하다. 한정된 사고의 범위에서 벗어나 대상이 되는 사람과 사물에 대해 관심을 갖고 공감하면서 생각의 범위를 늘리는 것도 필요하다.

일에서 어느 하나만의 사고가 중요한 요소일 수는 없다. 우리가 처해 있는 상황에 따라 또 풀고자 하는 문제에 따라 활용해야 하는 사고 방법은 다를 수 있다. 어떤 일에는 논리적 사고가 쓰일 수 있다. 또 다른 일에는 디자인 사고력으로 문제를 풀어나갈 수 있다. 경우에 따라서는 통합적으로 활용될 필요도 있다. 다니엘 핑크가 이야기하는 경계를 넘나드는 사람들은 일에 있어서 수직적, 수평적 사고를 같이 사용하면서 좌뇌와 우뇌의 경계를 넘나드는 사람을 지칭하는 것으로 보인다.

논리적 사고는 일련의 프로세스를 통해 같은 답을 도출한다

논리적 사고란 자신이 생각하는 결론에 대해 적절한 근거와 사실을 제시하여 상대방이나 주변 사람들이 납득할 수 있는 시나리오를 만드는 프로세스이다. 짧은 시간에 복잡한 문제에 대한 최적의 해결책을 만들 수 있게 하는 사고 기술을 습득하기 위한 사고방식이다. 우리는 논리적 사고를 증대시키기 위해서 다양한 방식으로 교육과 훈련을 받아왔다. 논리적 사고력에 사용되는 접근법은 사람에 따라 다르지 않아서 같은 프로세스와 같은 접근법을 통해 동일한 해법을 제시한다. 즉, 인풋이 같으면 아웃풋이 같다. 논리적 사고는 주어진 영역에서 생각을 수직화하는 방법이다. 단점은 영역을 벗어난 비정형화된 새로운 생각을 하는 것이 제약된다.

논리적 사고력은 논리적인 제안을 통해 다른 사람을 설득하기 위해 많이 쓰인다. 이때 첫 번째 단계는 여러 가지 사실들을 수집하는 단계이다. 두 번째 단계는 이러한 사실들로부터 원인을 찾아내는 단계이다. 마지막 단계는 사실과 원인을 통해 결론을 도출하는 것이다. 이 과정에서 가장 중요한 것은 사실-원인-결론을 도출하는 과정이 논리적이고 당위성이 있어야 한다는 것이다. 그렇지 않으면 결론이 설득력을 잃게 된다.

설득력을 얻기 위해서는 먼저 시작점이 되는 사실이 누구에게나 인정되는 명확한 사실이어야 한다. 사실이 아닌 추측이나 잘못된 내용, 의견 등을 사실로 착각해서는 안 된다. 다음은 사실에서 원인을 도출하는 과정에서 논리적 오류가 없어야 한다. 즉, 사실과 원인은 명확한 인과관계가 있어야 한다. 어떤 경우에는 사실로부터 결론을 정해놓고 원인을 찾게 되는 경우도 있다. 이 경우에도 사실과 결론 사이에 논리적으로 모순이 없는 원인이 만들어져야 한다.

논리적 사고력은 문제 해결을 위해서도 많이 사용한다. 이때 주로 사용하는 툴이 논리 나무Logic-Tree이다. 해결하고자 하는 문제를 나무의 가지와 같이 단계적으로 계속 나누는 것이다. 문제 해결을 위해 계속 나누어가면서 보다 구체적인 해결방안을 찾는 방법이 있는데 이를 탑다운 접근법이라고 한다. 위에서부터 아래로 계속 문제를 분리해나가는 방식이다. 바텀업 접근법은 여러 가지 문제들의 공통된 근본 원인을 찾고자 할 때 유용하다. 즉, 여러 가지 문제들을 바닥에서부터 나열하고 이를 공통 요인으로 그룹핑을 해서 위로 올라가면서 근본 원인을 찾아가는 방식이다. 문제 해결을 위해 사용하는 탑다운 접근법과 바텀업 접근법은 한 번에 어느 하나만이 사용되지는 않고 주로 같이 사용된다.

논리적 사고력에서 중요하게 생각하는 MECE라는 개념이 있다. 이는 Mutually Exclusive Collectively Exhaustive상호배제와 전체포괄의 줄임말이다. 그룹핑을 하거나 원인을 나눌 때 각각의 항목의 내용이 서로 겹치거나 중복되지 않아야 한다. 또 원인이 되는 요소를 나눌 때, 이들을 다 합하면 모든 원인이 빠짐없이 도출될 수 있어야 한다. MECE를 잘하기 위해서는 업무에 대해 전체적이고 통합적인 시각과 함께 맡은 일에 대한 전문성이 필요하다.

디자인 사고는 대상에 대한 공감과 관찰에서부터 시작된다

디자인 사고Design Thinking는 디자이너들이 생각하고 일하는 방식을 말한다. 획일적이고 정형화된 문제만이 아닌 비정형화되고 생각지도 못했던 문제들의 출현은 디자인 사고와 같은 창의적인 접근법을 요구한다. 오늘날 많은 기업에서 디자인 사고를 도입하는 이유가 이것이다. 논리적 사고Logical Thinking가 분석적이고 논리적이고 완벽을 추구하는 것에 반해 디자인 사고는 공감을 끌어내고 창의적인 아이디어를 제시하고 반복실행을 통해 완성해나가는 생각 및 실행 방법이다. 스탠포드 대학교의 D스쿨과 디자인 전문회사 IDEO가 디자인 사고로 유명한 기관이다. 디자인 사고는 관찰과 공감을 중요한 요소로 생각한다.

스탠포드 대학교 D스쿨이 이야기하는 디자인 사고 단계는 **공감 → 정의 → 아이디어 도출 → 시제품제작 → 시험**의 다섯 단계이다. 디자인 전문회사 IDEO는 **관찰 → 아이디어 도출 → 신속한 시제품**

개발 → 사용자 피드백 수렴 → 반복 실험 → 적용의 여섯 단계로 디자인 사고를 활용하고 있다. 스탠포드 D스쿨과 달리 IDEO는 시제품 제작을 통해 사용자 피드백을 받고 반복 실험을 하는 단계가 더 있는 것으로 보인다. 단계별로 조금씩 차이는 있지만 기본적인 사상은 동일하다. 그것은 고객에 대한 공감, 대상에 대한 관찰을 통해 문제를 해결하고 새로운 제품을 만들어가는 것이다. 이러한 기본 사상을 바탕으로 실제 생활에서 우리가 해결하고자 하는 문제에 따라 유연한 적용을 하면 된다.

정부 기관 기관장으로 근무할 때 디자인 사고를 접목한 고객 디자인단을 구성하여 운영했다. 고객 디자인단에는 수요자인 고객들과 공급자인 우리 기관의 직원들이 함께 참여했다. 또 전문가 역할로 서비스 디자이너와 민간 IT전문가도 같이 참여하여 다양한 아이디어가 도출될 수 있는 환경을 만들었다. 고객 디자인단의 목표는 공급자 중심이 아닌 서비스를 사용하는 고객의 관점으로 우리 기관이 제공하는 서비스를 개선하는 것이었다. 단계별로 **고객 공감을 통한 숨은 니즈 발굴 → 핵심문제 정의 → 아이디어 발전 → 문제를 해결할 수 있는 정책 수립 및 적용 → 피드백을 통한 수정**의 과정을 거쳤다.

고객 디자인단에서 파악해낸 고객 중심의 서비스 제공 덕분이었는지 우리 기관의 고객만족도 점수는 매년 획기적으로 올라갔다. 물론 고객 가치 제고를 위해 실행한 다른 여러 가지 서비스도 많았기 때문에 정확한 인과관계를 파악하기는 어렵다. 우리 기관은 2년 연속으로 시설관리형 부문 고객만족도 1등을 기록했다. 우리 기관이 2년 연속 최우수기관으로 선정된 배경에는 높은 고객만족도의 영향이 컸을 것으로 생각된다.

논리적 사고와 디자인 사고는 서로 대립되는 방법론은 아니다. 우리가 일상에서 부딪히는 문제에 따라서 사용하는 방법론은 달라져야 한다. 논리적 사고의 방식대로 논리 나무 구조를 완성해나가고 이를 통해 결론을 만들 수 있는 일도 있다. 디자인 사고를 사용하여 신제품 제작과 같이 사람에 대한 관찰과 공감으로부터 문제를 풀어나가야 하는 일도 있다. 또 두 가지 방법을 다 혼용해서 사용해야 하는 경우도 있다. 우리에게 주어진 문제는 더 이상 획일적이고 하나의 방법으로 해결될 수 있는 것은 아니다. 주어진 문제와 환경에 따라서 논리적 사고와 디자인 사고를 시기적절하게 사용하는 것이 일 잘하는 사람의 방법론이 될 것이다. 궁극적으로 다니엘 핑크가 이야기한 경계를 넘나드는 사람이 되어보자.

오늘의 정답은
어제의 정답과 다르다

1952년 알베르트 아인슈타인은 프린스턴대학교에서 강의를 하고 있었다. 어느 날 그가 조교와 함께 연구실로 돌아오는 길이었다. 조교는 아인슈타인이 출제했던 고등물리학 수강생들의 시험지를 들고 있었다. 조교가 약간 망설이다가 아인슈타인 박사에게 물었다.

"이런 질문을 해서 죄송합니다만, 이 시험은 작년에 교수님께서 같은 학생들에게 내신 물리학 시험과 똑같지 않나요?"

아인슈타인 박사가 대답했다.

"맞아, 똑같은 시험이네."

그러자 조교가 아까보다 훨씬 더 망설이다가 물었다.

"어떻게 같은 학생들에게 2년 연속 같은 문제를 내실 수가 있죠?"

아인슈타인이 간단히 대답했다.

"그야 정답이 바뀌었으니까."

그 시기에 물리학계에서는 새로운 발전과 이론, 발견들이 전 세계에서 계속 쏟아져 나오고 있었다. 어느 해에 옳았던 답이 학계에 등장하는 새로운 아이디어와 비약적 발전으로 다음 해에는 옳지 않았다.

- 《GET SMART》에서 인용

4차 산업혁명으로 촉발된 지금의 변화 흐름은 가히 예측하기 힘들 정도로 빠르다. 전통적인 산업은 많은 부분에서 디지털 산업에 추월당했다. 월마트와 아마존, 메리어트 호텔 체인과 에어비앤비 등이 대표적인 예이다. 오늘의 강자가 내일의 강자가 아닐 수도 있다. 코로나 팬데믹과 같은 전혀 예측하지 못했던 상황도 발생했다. 변화의 강도는 더욱더 세졌고 지속적이고 보다 빨라지고 있다. S&P500에서 시가총액 상위를 대표하는 기업들은 더 이상 전통적인 기업이 아니다. 이들은 대부분 실리콘밸리의 디지털 기업들로 대체되었다. S&P500에 포함된 기업의 존속 기간도 갈수록 짧아지고 있다. 1920년대 67년에서, 1955년에는 45년으로, 2009년에는 7년으로 줄어들었다.

지금의 변화는 아인슈타인이 살던 1952년 물리학계의 변화보다 더하면 더했지 결코 덜하지는 않을 것이다. 이렇게 변화하는 환경에서 어제의 답이 오늘의 답일 수는 없다. 이제 우리 시대는 예측하기 어려운 변화 앞에서 정답지를 다시 쓰는 유연성이 필요하다. 이를 과감하게 실행에 옮기는 용기도 필요하다. 과거의 것을 그대로 고집하고 타성에 의한 업무처리를 할 것이 아니다. 우리가 하는 모든 결정과 일들이 변화하는 경쟁 환경에 부합한지 다시 한 번 생각해봐야 한다. 변화에 유연하게 대응해야 한다.

조직의 성공을 위해 자신의 자리도 없앨 수 있는 유연성과 용기

지난 10월에 IBM은 갑작스런 서비스 조직 구조 개편을 발표했다. 발표 내용을 보면서 내가 IBM을 떠나기 전 마지막으로 진행했던 회사 내부 프로젝트가 생각났다. 그 당시 회사 경영진은 서비스 조직의 경쟁력을 고민하고 있었다. 서비스 조직 대표님의 지시로 내가 TFTTask Force Team 리더를 맡게 되었다. 세 개의 조직으로 흩어져 있는 서비스 딜리버리 조직을 어떻게 트랜스포메이션해서 회사의 경쟁력을 강화할 수 있을까가 TFT의 목적이었다.

나는 우선적으로 변화와 혁신의 강도가 큰 순서대로 세 가지 안을 만들었다. 그리고 그 세 개의 안을 임원회의에서 발표했다. 각 안의 전체적인 방향과 개략적인 내용, 향후 추진방향 그리고 실행 후 효과 부분을 중점적으로 이야기했다. 혁신의 강도가 세고 효과가 클수록 조직에 주는 충격은 크다. 대략적인 발표를 끝내고 나자 참석한 임원들은 모두 입을 다물지 못했다. 세 개의 안 중 첫 번째 안은 상당히 큰 혁신의 방안이 포함되어 있었다. 많은 직원들의 인력 변화를 포함해서 현재 나의 자리까지 없애는 방안이 들어 있었다. 비즈니스 구조 변화에 대한 이야기도 포함되어 있었다.

사실, 첫 번째 안은 효과는 확실할 수 있지만 리스크도 있고 글로벌 회사의 로컬 지사에서 진행하기에 부담스러울 수도 있었다. 혁신에 대한 강도는 가장 컸고 회사의 경쟁력 강화 측면에서는 가장 훌륭한 안이었다. 그 자리에 모인 대표님과 임원들의 의견을 토대로 첫 번째 방안은 수용되지 않았다. 대신 두 번째 방안이 선택되었다. 이후 TFT는 선택된 두 번째 안을 구체화하고 실행 방안을 만드는 일에 치중했고 12월 중순에 완료했다. 다음 해 1월 초에는 회사의 조직 개편이 있었다. 새로 오신 대표님이 내가 지난 연말에 진행했던 딜리버리 트랜스포메이션 TFT 결과물을 보고 이제는 세일즈 조직 트랜스포메이션을 진행하자고 제안하셨다.

굳어진 규정과 시스템을 변화시킬 수 있는 용기

내가 근무했던 정부 기관의 기관장 집무실은 1층에 있었다. 아침에 출근을 하면 나의 집무실 맞은편 복도에서 무척 피곤해 보이는 직원들을 만나곤 했다. 직원들의 얼굴 표정은 한결같았다. 도대체 왜 직원들이 피곤한 얼굴로 아침마다 그 방에서 나오는지 궁금했다. 직원에게 그 방이 무슨 방인지를 물었다. 당직실이라고 했다. 그 방에 가보았다. 그 방은 직원들이 밤에 당직을 설 때 대기하거나 잠을 자는 방이었다. 당직실과 방송실 용도로 사용하는 작은 방에는 침대 하나가 귀퉁이에 있고 방송 장비들로 가득했다. 열악한 환경이었다. 처음에는 당직실 환경개선을 하려고 했다. 그런데 잠시 생각해보니 보다 근본적으로 당직이 꼭 필요한 제도인지에 의문이 생겼다.

당직제도는 나에게 꽤 생소한 제도였다. 당직제도가 왜 필요한지 어떤 제도인지를 먼저 살펴보았다. 공무원 인사제도의 복무 규정에 관련 규정을 찾을 수 있었다. 휴일 또는 근무시간 외의 화재·도난 또는 그 밖의 사고의 경계와 문서처리 및 업무 연락을 하기 위해 당번을 정하여 하는 근무를 당직제도라 정의하고 있었다. 당직은 일직과 숙직으로 나뉘어 있었다. 일직은 토요일과 공휴일에 정상근무일의 근무시간에 준하여 근무하는 것이다. 숙직은 정상근무시간 또는 일직근무시간이 끝난 때부터 다음날의 정상근무 또는 일직근무가 시작될 때까지 근무하는 것이다. 일직은 낮에, 숙직은 밤에 서는 것이었다. 직원들이 돌아가면서 일직과 숙직을 서고 있었고 하루 당직을 하게 되면 그다음 날은 쉬었다. 당직을 마친 직원들에게는 당직수당이 지급되고 있었다.

5급 이하 공무원들은 모두 돌아가면서 당직을 서야 했다. 야간 당직은 직원들의 신체 리듬을 깨어 몹시 피곤하게 만들었다. 당직 다음

날은 당직 후 휴가를 사용하게 되어 직원들의 업무 효율성에도 문제가 있었다. 특히 명절이나 연휴에는 모두 당직 서는 것을 꺼려했다.

당직제도는 과거부터 오랫동안 존속되어 온 제도였다. 아마 당직제도가 처음 생긴 시기는 지금처럼 스마트폰과 같은 통신수단이 개인별로 보급되는 시대는 아니었을 것이다. 또 단체 메신저로 전체 직원들을 그룹핑해서 언제 어디서든 손쉽게 모든 정보 전달이 되는 시대도 아니었을 것이다. 당직제도를 지금 시대에 맞게 효율적으로 운영할 방법은 없을지 일부 직원들과 같이 고민하기 시작했다.

다른 기관에게도 당직제도를 어떻게 운영하고 있는지를 물어보았으나 별다르게 운영하는 곳은 없었다. 당직 관련 규정은 대한민국 전체 공무원에게 다 해당되는 것이었다. 국가공무원 복무 규칙 중 당직 및 비상근무에 관하여 필요한 사항이 총리령으로 정해져 있었다. 규정을 우리가 임의로 바꿀 수도 없고 그럴 권한도 없었다. 있는 제도 하에서 우리 기관이 유연성을 갖고 할 수 있는 방법을 찾아야 했다.

마침내 우리는 직원들 당직제도를 없앨 수 있는 근거를 찾을 수 있다. 국무총리령에는 "각급 기관의 장은 다음 각 호의 어느 하나에 해당하는 경우에는 별도의 당직근무를 실시하지 아니할 수 있다"라는 규정이 있었다. 예외적으로 허용되는 것 중 우리 기관에 해당되는 것으로 상시 상황실을 운영하고 상황실에 당직임무를 부여한 경우가 해당이 되었다. 우리 기관은 장애와 사이버해킹 탐지를 위해 24시간 365일 상시적으로 상황실을 운영하고 있었다.

법적으로 허용되는 테두리 안에서 일반직원들이 당직을 서지 않아도 되게 만들었다. 부임 후 7개월 만에 일반 직원들의 당직 근무를 없앨 수 있었다. 우리 기관처럼 일반직원들이 당직을 서지 않은 기관은 우리가 아는 한 없었다. 직원들의 업무 피로도는 줄었고 업무 효율성은 높아졌다. 직원들도 만족스러워했다. 직원들은 명절이나 연휴에 서야 했던 벌 당직으로부터도 해방되었다. 당직수당으로 쓰이던 예산도 절감할 수 있었다.

기술이 바뀌고 환경이 바뀌었지만 우리는 알게 모르게 기존의 방식을 고수하고 있는 것들이 많다. 조직 문화와 조직 체계를 바꾸고 제도와 시스템을 바꾸는 것이 지금 시대에 더 맞는다는 것을 알면서도 여러 가지 이유로 또 용기가 없어서 못하기도 한다. 지금의 내가 내린 잘못된 판단이 미래 나의 조직의 성장의 걸림돌이 될 수 있다는 생각을 해야 한다. 개인적인 편안함과 구태 의연함을 추구함으로 인해 미래 나의 조직의 성장을 가로막는 사람이 될 수도 있다는 생각을 해야 한다. 지금의 내가 미래의 나의 조직에 미칠 영향을 생각해서 더 늦기 전에 지금 시대에 맞는 유연성을 발휘해보자. 용기 있게.

디지털 트랜스포메이션 시대에
기술 활용하기

우버나 타다와 같은 신규 서비스가 런칭되면 기존의 산업 종사자들과 갈등을 빚게 된다. 그러한 갈등의 사례로 유명한 것이 산업혁명 시기에 영국에서 자동차가 발명되자 마부들의 저항으로 마차에 유리한 법을 제정해 자동차의 진입을 막았던 일이 있다. 같은 실수를 반복하지 않으려면 기존의 산업을 변화시켜야 한다.

최근 비즈니스는 미래에 대한 불확실성과 디지털화, 글로벌화로 전통적인 경쟁 환경이 모호해지고 있다. 이러한 환경 변화는 기업에게도 새로운 변화를 요구하고 있으며 트랜스포메이션transformation이라는 용어가 대두되고 있다. 트랜스포메이션이란, 현재의 환경에서 획기적인 성과를 내고 유지하기 위한 대규모의 변화를 의미한다. 그리고 이러한 변화를 이끌기 위해 기존 산업에 디지털을 활용하는 것이 바로 디지털 트랜스포메이션Digital Transformation이다.

디지털 기술을 활용하여 기업 또는 조직의 운영과 서비스를 향상하다

많은 관련 회사들이 그들 나름대로 디지털 트랜스포메이션에 대한 정의를 내리고 있다. 시장 조사전문기관인 IDC는 '기업이 새로운 비즈니스 모델, 제품 및 서비스를 창출하기 위해 디지털 역량을 활용함으로써 고객 및 시장의 파괴적인 변화에 적응하거나 이를 추진하는 지속적인 프로세스'로 정의한다.

ICT 전문기업 IBM은 '기업이 디지털과 물리적인 요소들을 통합하여 비즈니스 모델을 변화시키고 산업에 새로운 방향을 정립하는 전략'으로 정의하고 있다. 컨설팅 전문기업 A.T. Kearney는 '모바일Mobile, 클라우드Cloud, 빅데이터Big Data, 인공지능AI, 사물인터넷IoT 등 디지털 신기술로 촉발되는 경영 환경상의 변화 동인에 선제적으로 대응함으로써 현행 비즈니스의 경쟁력을 획기적으로 높이거나, 새로운 비즈니스를 통한 신규 성장을 추구하는 기업 활동'이라고 정의한다.

디지털 트랜스포메이션을 한 문장으로 요약하면 '디지털 기술을 활용해 기업이나 조직의 운영과 서비스를 향상하는 것'이다. 기존 산업과 디지털 기술의 융합이라고 하면 2016년도에 다보스 경제포럼에서 클라우드 슈밥 회장이 언급한 제4차 산업혁명이 떠오른다. 제4차 산업혁명은 기술적 변화에 따른 모든 분야에서의 총체적 변화라할 수 있다. 그리고 디지털 트랜스포메이션은 경영 전략적 관점에서 조직, 프로세스, 비즈니스 모델 등의 변화를 가져오는 것을 말한다. 제4차 산업혁명을 성공적이고 지속 가능하도록 만들기 위한 경영 전략이 바로 디지털 트랜스포메이션이다.

기존 산업과 ICT의 융합으로 산업간 경계가 모호해졌다. 또 디지털 기술을 활용한 혁신 기업들이 나타나고 있다. 이러한 현상은 체계적인 디지털 트랜스포메이션의 등장 배경이 되었다. 이제 대부분 산업에서 ICT 기술(디지털 기술)은 보조 수단이 아닌 경쟁력을 갖추기 위한 필수 요소가 되었다. 항공 엔진을 제조하는 롤스로이스는 항공기에 센서를 부착해서 실시간 데이터를 수집, 분석한다. 이를 통해 고장 가능성을 예측하는 서비스를 제공하고 있다. 이외에도 스마트 팩토리, 커넥티드 카, 원격의료, 스마트 홈, 스마트 시티 등 다양한 산업 분야에서 ICT 기술을 활용하고 있다.

디지털 기술을 활용한 혁신 기업의 사례들은 익히 알려져 있다. 전자상거래 기업인 아마존은 50년 전통의 월마트의 시가 총액을 뛰어넘어 세계 최대의 소매업체로 올라섰다. 에어비앤비는 기업 가치나 서비스 국가 수에서 유명 호텔체인인 메리어트를 넘어섰다. 이 기업들의 특징은 디지털 기술을 활용해 오프라인 매장이나 오프라인 호텔보다는 온라인 플랫폼을 통해 지속적인 성장을 하고 있다는 점이다. 이제는 디지털 기술 없이는 경쟁력을 발휘하기가 어려운 시기가 되었다.

디지털 트랜스포메이션은 어느 날 갑자기 나타난 개념이 아니다. 1990년대 인터넷의 등장과 함께 단계별로 발전해왔다고 볼 수 있다.

1990년대는 인터넷이 본격 도입되면서 음악, 엔터테인먼트 분야의 디지털 제품들이 출시되었다. 메신저, 그룹웨어 등 다양한 소프트웨어가 나타난 시기이다. 2000년대에 들어 웹 기반의 디지털 비즈니스 전략이 수립되었다. 전자상거래로 대표할 수 있는 웹 서비스들이 나타난 시기이다.

현재는 비즈니스 모델 수립을 위한 디지털 트랜스포메이션 단계이다. 모바일과 소셜 미디어를 기반으로 각 산업 분야의 융복합이 이루어지고 있다. 빅데이터, 사물인터넷, 클라우드, 인공지능을 본격적으로 활용하는 시기이다. 디지털 트랜스포메이션은 단순히 기술을 도입한다고 해서 이뤄지는 것이 아니다. 신기술 도입으로 인해 기관 운영모델부터 직원들의 업무 프로세스, 인사·평가 시스템, 사람, 조직문화 등 모든 것들이 총체적으로 변화해야 한다. 그리고 이를 수용해야 진정으로 구현되는 것이다. 변화 관리가 무엇보다 중요하다.

나이팅게일은 통계학자였다

우리가 잘 알고 있는 백의의 천사 나이팅게일이 영국통계학회 최초의 여성회원이라는 사실은 잘 알려져 있지 않다. 나이팅게일은 크림전쟁(1853~1856년) 당시 야전병원에서 부상당한 영국 군인들을 치료했다. 그는 전쟁에서 부상으로 인한 사망자보다 병원의 열악한 위생환경으로 인해 사망하는 사람들이 더 많다는 것을 알게 되었다. 이를 개선하기 위해 글과 표를 통해 의회 의원들에게 적극 알리고자 노력했다.

전시 중에 글과 표만으로 의회 의원들을 설득하기에는 역부족이었다. 효과적으로 이를 전달하기 위해 나이팅게일은 로즈 다이어그램을 작성한다. 장미꽃과 비슷한 모양이어서 로즈 다이어그램으로 명명되었고, 다이어그램의 면적은 사망자 수를 나타낸다. 이후, 나이팅게일은 예산을 지원받아서 야전 병원 환경을 개선할 수 있게 되었다. 이를 통해 군인의 사망률은 42%에서 2%로 떨어지게 된다. 나이팅게일의 로즈 다이어그램은 19세기 최고의 인포그래픽Inforgrphics으로 불리운다.

가트너의 앤디 로우셀 부사장은 "디지털 트랜스포메이션의 진화 단계가 2013년 상상Imagine 단계에서 2014년 촉진Drive 단계를 지나 2015년 구축Build 단계에 들어섰다"라고 진단했다. 디지털 기술은 과거와 비교하여 기업이나 사용자가 쉽게 이용할 수 있고 더 낮은 비용으로 도입이 가능하도록 변화하고 있다. 다양한 산업군의 요구사항을 적용하여 발전된 플랫폼 기반으로 제공되고 있기 때문이다. 이러한 플랫폼을 통해서 혁신을 가속하는 디지털 기술이 계속 공급되고 있다.

내가 기관장으로 일하던 정부 기관에서도 공무원들을 대상으로 '혜안Insight'이라는 빅데이터 플랫폼을 제공했다. 공무원들은 플랫폼에서 제공하는 다양한 소셜 데이터를 활용해 업무에 필요한 빅데이터 분석을 직접 할 수 있었다. 공무원들이 주로 많이 사용하는 민원 분석과 같은 공통된 주제에 대해서는 데이터를 플랫폼에 업로드하여 자동 분석을 하기도 했다. 내가 부임할 당시에는 플랫폼의 가입자는 2천 명 정도였다. 빅데이터 플랫폼 활성화를 위한 다양한 활동 덕분에 기관장 부임 후 1년 반 만에 플랫폼 가입자 수는 10만 명이 되었다.

혜안 프렌즈라는 사용자 그룹을 만들고 사용자 피드백을 통해 플랫폼 기능을 지속적으로 개선하는 활동을 했다. 공무원들 대상의 교육을 통해 빅데이터가 왜 행정업무에 필요한지를 알리는 활동도 진행했다. 공무원 대상의 공모전을 통해 전문가가 아닌 일반 행정 공무원이 어떻게 빅데이터 플랫폼을 활용하여 좀 더 효율적인 행정업무를 하고 있는지를 공유했다. 빅데이터 공모전에 출품된 빅데이터 활용 사례들은 매해 발전을 거듭했다. 보람된 시간들이었다.

우리가 하는 일에 기술을 적용하는 것이 필요하다. 최근에는 다양한 플랫폼이 제공되어 기술의 활용이 비교적 용이해졌다. 인공지능의 알고리즘을 몰라도 인공지능 플랫폼을 활용하면 내가 가진 문제를 풀 수 있는 최적의 알고리즘을 추천 받을 수 있다. ICT 전문 회사 중심으로 사용자들에게 이러한 플랫폼 서비스를 제공하고 있다. 각 기업에서도 기업에 맞는 플랫폼을 만들어 특정 분야에 사용하기도 하고 활용을 점차 확대해나가고 있다. 다양한 기술의 활용은 인간의 삶을 더 풍요롭게 만들고, 일에서 좀 더 효율적이고 효과적인 결과를 기대할 수 있게 해준다. 지금은 디지털 트랜스포메이션이 필요한 시대다.

전문성

성과를 부르는 능력

불확실한 환경에서
나를 지켜주는 것은
전문성이다

취업 준비생들이 힘겹게 노력하는 것 중 하나가 다양한 스펙 쌓기이다. 그런데 정작 일하는 현장에서 필요한 스펙은 따로 있다. 바로 전문성이다. "위대한 선반공은 평균적인 선반공이 받는 임금의 몇 배를 받는다. 그러나 위대한 소프트웨어 개발자는 평균적인 소프트웨어 개발자에 비하면 1만 배나 큰 가치를 지닌다." 마이크로소프트 창립자 빌 게이츠의 말이다. 애플의 CEO 스티브 잡스는 "나는 세계 최고의 인재를 확보하는 것이 결국 남는 장사라는 것을 발견했다. 이는 소프트웨어 개발을 비롯해 내가 해봤던 모든 일에 해당한다"라고 말한다. 기업에서 인재의 중요성을 이야기하는 말이다. 기업이 뛰어난 성과를 내는 핵심인재Top Talent를 유지하는 것은 기업에 큰 이익이 되기 때문이다. 기업에서는 그들을 유지하기 위해 많은 노력을 하고 있다.

불확실성의 시대라고 한다. "구글에서 변화하지 않는 건 변화 그 자체다"라는 구글 혁신전도사의 말은 직장인들에게 많은 생각을 하게 한다. 기업이 생존을 위협받고 끊임없는 변화를 추구하고 있는 시대에 평생직장의 개념은 사라진 지 오래다. 모든 것이 불확실한 환경에서 오는 두려움으로부터 자신을 지켜줄 수 있는 가장 확실한 방법은 자신의 전문성을 키우는 것이다. 하루하루 노력하면서 자신의 전문성을 키우다 보면 어느새 대체 불가한 인재가 되어 있을 것이다. 이러한 인재는 자신이 기획한 일을 주도적으로 한다. 일을 하는 데도 자신감이 묻어난다. 어느 곳에서든 자기 의견을 소신 있게 말한다. 회사를 떠나더라도 아쉬운 것은 회사이지 내가 아니다. 주도권은 항상 회사가 아닌 나에게 있다.

전문성은 자신의 분야에서 문제를 해결하는 능력을 의미한다

한 분야에서 남들이 부러워하는 높은 입지에 오른 사람들에게는 공통점이 있다. 그들은 자신의 분야에서 지속적이고 꾸준한 발전을 해왔던 사람들이다. UCLA의 전설적인 농구 코치 존 우든은 말했다.

"매일 조금씩 발전을 이루면 결국엔 커다란 변화가 일어난다. 단기간에 커다란 발전을 이뤄내려고 하지 마라. 매일 하나씩 이룰 수 있는 작은 발전을 찾아라. 그것이 변화를 만들어내는 유일한 방법이다. 그리고 그렇게 이룬 변화는 지속적이다."

전문성은 특정 분야에 대해 뛰어난 지식과 경험을 가지고 그 분야의 문제 해결 능력을 갖추는 것이다. 전문성은 일을 통해서 확보할 수 있다. 전문성을 갖추려면 오랜 시간 동안 시간과 노력을 한 분야에 쏟아야 한다. 이렇게 자신의 분야에서 오랫동안 쌓은 전문성은 일에서 문제 해결 능력을 높이고 성과를 만들어낸다. 문제 해결 능력은 끊임없는 생각의 힘이 필요하다. 따라서 단순한 시간의 투입이 아닌 나의 생각에 의해 끊임없는 발전을 이루면서 쌓아가는 전문성이라야 한다.

전문성을 가진 직장인들에게는 몇 가지 공통점이 있다. 그들은 뚜렷한 전문 분야를 가지고 있다. 그리고 계속적으로 학습한다. 그들은 일에서 자신만의 의미를 찾는다. 그들은 일을 두려워하지 않는다. 도전적이고 어렵지만 배울 수 있는 일이라면 기꺼이 뛰어든다. 설사 실패를 하더라도 이를 두려워하지 않는다. 그들에게는 실패도 배움이다. 직장 안의 많은 사람들에게 분야의 전문성으로 존재감이 크다. 그 분야에 일이 생기면 상사는 늘 그들을 찾는다. 그들은 문제에 대한 해결사다. 그들에게 승진보다 중요한 것은 자신의 성장이다.

많은 직원들은 현재 직장에서 나의 처우가 나의 실력을 대변해준다고 생각한다. 나는 그런 대접을 받을 만한 자격이 충분하다고 생각하기도 한다. 그런데 우리는 보다 더 냉정해져야 한다. 자신을 객관적으로 바라보아야 한다. 단지 조금 일찍 회사에 들어왔기 때문에 자리를 차지하고 있는 것은 아닌지 생각해보아야 한다. 정말 중요한 것은 지금 직장에서의 처우가 아니라 시장에서의 경쟁력이다. 내가 이직을 한다고 했을 때 나의 경쟁력과 가치는 무엇인가? 나의 전문성이 시장이 요구하는 역량에 적합하며 내 분야에서 지속적인 성과를 낼 수 있는지가 중요하다. 그러기 위해 내가 일하는 업계의 트렌드를 계속 쫓아야 한다. 지속적인 학습을 해야 한다. 시장에서 내가 경쟁력 있는 사람이라는 것이 입증될 수 있도록 꾸준한 발전을 이루어나가야 한다.

전문성을 얻기 위해 일만 시간의 법칙을 넘어 필요한 요소들

전문성을 갖기 위한 기본은 경력의 일관성이다. 경력의 일관성은 직업에서 필요로 하는 역량 목표를 향해 나의 지식과 경험이 일관되게 나아가고 있는지를 보여주는 것이다. 내가 하는 일이 그 분야의 전문성을 확보하는 데 필요한 것이라고 판단되어야 한다. 한 분야에서 충분히 깊이 있는 전문성을 확보하고 관련된 분야로 점차 확대해나가는 것은 긍정적이다. 일관되게 쌓아온 자기만의 전문성은 나의 브랜드 이미지에 중요한 요소가 된다.

전문성을 갖기 위해서는 양보다 질을 추구해야 한다. 《아웃라이어》에서는 일만 시간의 법칙을 이야기한다. 하지만 전문성을 쌓고 그 분야의 실력가가 되기 위해서는 단순히 투입된 시간만으로 결정되는 것은 아니다. 얼마나 오랫동안 일을 했는가보다 얼마나 깊이 참여하여 일을 했는가가 중요하다. 같은 분야에서 같은 시간 동안 일을 한 두 사람이라도 전문성의 극심한 차이를 보여주기도 한다. 이는 일을 대하는 태도에 기인한다. 즉, 일을 하는 데 있어 결과를 내는 것에만 치중하지 않고 일의 세부적인 내용까지 학습하면서 깊이 있게 하는 것이 중요하다는 의미이다. 단순히 같은 일을 반복하는 것이 아닌 좀 더 발전할 수 있는 일을 찾아서 해야 한다는 의미이기도 하다. 어떤 프로젝트를 맡아서 어떤 전문성이 쌓였는지를 설명할 수 있어야 한다.

일을 통해서 무언가 배우겠다는 마음가짐이 필요하다. 그러기 위해서는 일을 시작하기에 앞서 일의 목적과 개인적인 학습의 목적을 같이 고민해야 한다. 고객 경영진CXO들을 대상으로 하는 일을 맡은 적이 있었다. 나는 그때 개인적 성장의 목표를 일의 목표와 함께 정했었다. 그것은 해당 경영진이 일하는 산업의 주요 트렌드와 이슈를 학습하는 것이었다. 고객 경영진이 고민하는 비즈니스 이슈를 IT 기술을 사용하여 해결하는 솔루션도 함께 고민했다. 이러한 나의 노력은 고객 경영진의 눈높이로 깊은 대화가 가능하게 했고 결과적으로 비즈니스에도 큰 도움이 되었다. 일을 하면서 배우고자 하는 개인적인 목표를 가지고 의도적인 학습을 같이 해나가야 한다.

일에 대한 피드백과 이를 통해 개선하려는 노력이 필요하다. 시간과 자원을 투입하여 많은 노력을 함으로써 점점 경지에 오른다는 것은 끊임없는 개선을 의미한다. 일을 수행할수록 우리의 전문성은 쌓이고 같은 일을 하더라도 다른 방식으로 좀 더 효과적으로 하게 된다. 이것을 가능할 수 있게 하는 것은 피드백을 통한 개선이 있을 때이다. 이를 체계적으로 할 수 있는 방법이 PDCA이다. 계획하고Plan, 행동하고Do, 평가하고Check, 부족한 점을 개선Act해서 다음 계획을 세워나간다.

계획Plan → 실행Do → 평가Check → 개선Act의 사이클이다.

처음 시도하는 일이거나 도전적인 일을 맡았을 때 우리는 실수를 하기도 하고 실패를 하기도 한다. 실패에 너무 좌절하고 의욕과 자신감을 잃어서는 안 된다. 이는 직장인이라면 누구나 거치는 당연한 과정이다. 실패는 변화와 성장을 주는 기회이다. 실패를 하지 않기 위해 노력하는 것도 중요하다. 하지만 더 중요한 것은 실패했을 때 어떻게 대응하느냐이다. 실패를 성공의 과정으로 바꾸려면 실패의 원인이 무엇인지를 철저히 분석해야 한다. 그리고 그 원인들을 바꿔나가야 **한다. 포기하지 않으면 그것은 아직 실패가 아니다.**

나의 생각을 통해 스스로 해결하려는 자세를 가지고 행동으로 옮겨야 한다. 내가 하는 일에는 나의 생각이 있어야 한다. 아무 생각 없이 남이 시키는 일을 그대로 하는 것은 나의 발전에 도움이 되지 않는다. 일의 주인이 된다는 것은 나의 생각을 통해 일의 방법을 찾고 실행하는 것이다. 우리의 생각은 대단한 힘이 있어서 생각을 하면 할수록 더욱 발전한다. 스스로 해결하려는 자세를 가지고 생각하는 동안 나의 전문성도 커진다. 이렇게 일을 하다 보면 내가 한 일에 대해서는 누가 무엇을 물어도 완벽하게 대답할 수 있다. 이는 일에 대한 자신감도 키워준다.

일에 적용하는 전문성이 비로소 살아있는 전문성이다. 일을 통해서 전문성이 얻어진다는 것은 일과 전문성과의 관계를 이야기해준다. 전문성을 갖고 있다는 것은 이를 일에 적용할 수 있음을 의미한다. 일에 적용할 수 없고 문제 해결에 도움이 되지 않는 전문성은 제대로 된 전문성이 아니다. 머릿속에만 있는 지식이다. 학습을 통해 얻은 전문성은 끊임없이 일에 적용하려는 노력이 필요하다. 또 일을 통해서 전문성을 키워나가려는 노력도 계속해야 한다. 학습과 현장이 같이 병행될 때 효과가 커진다.

전문성은 분야에서 그 문제를 해결하고 성과를 내는 능력을 의미한다. 전문성은 자신의 전문 분야에서 지식과 경험을 지속적으로 쌓아가는 노력을 통해 얻어진다. 경험이 많이 쌓일수록, 고생을 많이 할수록 더 큰 성장을 이루게 된다. 경력의 일관성을 고려하면서 새로운 도전과 어려운 일에 과감히 도전하여 일을 통해 전문성을 향상시키는 노력이 필요하다. 이러한 노력들을 바탕으로 나의 분야에서 차별적인 전문성을 보유하게 되고 이는 성과로 입증된다. 이제 나는 주도성을 가진 대체불가한 직장인이 된다.

SMART에서 Adaptive로
진화하는 일의 성과

개인 미디어가 활성화됨에 따라 요즘 유튜브 크리에이터가 각광을 받고 있다. 방송기술이라는 측면에서 상대가 되지 않을 것 같은 지상파 방송까지 뛰어넘는 현실을 보면 변화에 적응하는 것이 얼마나 중요한지 짐작할 수 있다.

기업은 결과로 보여주기를 원한다. 계획에 따라 그대로 실행하는 능력과 그로 인해 얻어지는 결과인 전술적 성과뿐만 아니라, 계획에서 벗어나 탄력적으로 실행하는 능력과 그로 인해 얻어지는 결과인 적응적 성과도 고려해야 하는 것이 요즈음 현실이다. 이제 전문성에는 탄력적인 대응이 필수 요소가 되었다. 그것이 없으면 회사가 요구하는 성과를 내기 힘들기 때문이다.

전문성은 반드시 성과로 드러난다

어떤 일을 시작할 때 가장 먼저 해야 할 질문은 그 일을 왜 해야하는가이다. 여기서 '왜'의 의미는 일을 수행하는 목적이다. 일의 목적을 분명히 알아야 일의 방향이 정해지고 목적에 맞는 확실한 결과물을 낼 수 있다. 기업은 결과로 보여주기를 원한다.

일을 잘한다는 의미는 정해진 시간 안에 성과를 만들어내는 능력이 있음을 의미한다. 성과 중심으로 일한다는 것은 일의 목적과 목표를 명확하게 설정하고 목적과 목표를 달성하기 위해 전략적으로 일하는 것이다. 전문성은 목적과 목표를 달성하는 성과를 내기 위해 기본적으로 갖추어야 할 역량이라고 할 수 있다. 일의 어려운 정도에 따라 필요한 전문성이 달라진다. 일의 난이도가 높아질수록 더 높은 전문성을 필요로 한다. 이것이 꾸준히 전문성을 키워나가야 하는 이유이다.

성과를 내기 위해 일을 하는 과정에서 새로운 것을 배우게 된다. 학습된 지식과 경험은 좀 더 어려운 일에서도 성과를 내게 한다. 이렇게 일을 통해서 끊임없이 배우고 학습된 전문성은 점점 더 어려운 일도 성취할 수 있게 한다. 회사의 일을 통해 내가 성장할 수 있고 나의 성장이 다시 회사의 성장으로 이어지는 선순환 구조가 되는 것이다. 나의 전문성은 조직의 성과에 가치 있는 공헌을 얼마나 많이 했는가로 평가받는다. 내가 회사에 주는 가치와 고객에게 주는 가치를 늘 객관적으로 평가하려는 노력이 필요하다.

일은 행위 그 자체가 중요한 것이 아니라 그 일의 목적과 목표를 얼마나 달성했는가가 중요하다. 일을 시작할 때부터 끝까지 전 과정에서 그 일의 목표를 생각해야 한다. 일을 시작할 때에는 그 일을 통해 어떠한 성과를 얻고자 하는 것인지 분명히 해야 한다. 일을 끝마칠 때는 그 일을 통해 얻은 성과를 객관적인 지표로 측정해야 한다. 또 그 일을 통해 내가 배운 것과 개선사항도 같이 파악하는 것이 필요하다.

전술적 성과와 적응적 성과의 조화가 필요하다

지금까지 성과관리라고 하면 SMART를 기준으로 행해져 왔다. SMART의 SSpecific는 구체적인 목표를 의미한다. MMeasurable은 숫자로 명확히 측정 가능한 목표를 의미한다. AAttainable는 달성 가능한 목표를 의미한다. 너무 쉬워서 흥미를 떨어뜨리지 않고 너무 어려워서 포기하지 않을 정도의 목표이다. RRelevant은 조직목표와 연관성 있는 목표를 의미한다. TTime-Sensitive는 달성해야 하는 마감시한이 있는 목표를 의미한다. 이렇게 SMART한 목표를 수립하고 이를 달성하기 위해 노력해왔다.

《무엇이 성과를 이끄는가》에서는 성과를 전술적 성과와 적응적

Adaptive 성과로 나누고 있다. '계획에 따라 그대로 실행하는 능력과 그로 인해 얻어지는 결과를 전술적 성과'로 정의한다. 반면 '계획에서 벗어나 탄력적으로 실행하는 능력과 그로 인해 얻어지는 결과를 적응적 성과'로 정의한다. '복잡하고 빠르게 변화하는 지금의 경영환경에서 실질적인 성과를 창출하는 것은 결국 적응적 성과에 의한 것'이라고 이야기한다. 적응적 성과의 중요성을 이야기한 것이다. "적응적 성과를 극대화하는 시스템을 고성과 조직 문화라고 하고 이는 모든 동기를 통해 극대화할 수 있다"라고 말한다. 또 "적응적 조직은 높은 수준의 창의성, 문제 해결 능력, 끈기, 시민의식을 갖춘 적응적 직원이 함께해야 가능"하다고 말한다.

전술적 성과는 계획에 맞추어 일을 수행해나가고 생산성과 효율성을 극대화하는 수치 목표 중심의 성과를 의미한다. 적응적 성과는 변화하는 경영 환경에 따라 유연하게 창의성과 문제 해결력을 발휘하는 것을 의미한다. 대부분의 조직은 성과라고 하면 계획에 따라 성실히 일을 하고 생산성을 극대화하는 수치 목표 중심의 전술적 성과에 초점을 맞춰왔다. 그러나 우리를 둘러싸고 있는 환경의 변화가 심각한 지금에는 변화하는 환경에 맞춰 유연하게 대처하는 적응적 성과의 중요성이 점점 커지고 있다.

어떤 일이든 전술적 성과와 적응적 성과 두 가지 모두 필요하다. 일에 대한 직접적인 동기 요인을 가지고 있고 분야의 전문성을 가진 직원은 이 두 가지 성과의 조화를 이룰 수 있다. 레온 매긴슨은 적응의 중요성에 대해 이렇게 말했다.

"가장 지능이 높은 개체가 살아남는 것은 아니다. 가장 강한 개체가 살아남는 것 역시 아니다. 자신이 처한 환경이 계속 변함에 따라 가장 잘 적용하고 조정하는 능력을 갖춘 종이 살아남는다."

관료형 조직에서는 왜 똑똑한 사람을 싫어할까?

공무원 조직은 말할 것도 없거니와 우리나라 대부분의 대기업들은 관료형 조직 문화가 지배적이다. 이는 제조업 중심의 사업구조에 기인한다고 한다. 제조업 중심의 회사에서는 다른 회사에 비해 독점적인 기술을 가지는 것이 경쟁력이다. 혁신은 소수에게서 나오고 다수의 직원들은 시키는 일을 한다. 모든 결정은 조직의 경영진들이 하고 대다수의 직원들은 결정된 사항에 대해서 묵묵히 실행을 한다.

관료형 조직에서는 개인의 창의성이나 다양성은 크게 중요하지 않다. 시키는 대로 해야 하는 조직 문화가 형성되어 있다. 이러한 문화에서는 개인이 갖는 정보와 윗사람과의 관계가 중요해진다. 이것은 정보의 독점과 불필요한 사내정치를 야기한다. 정보의 개방과 소통은 찾아보기 힘들다. 실리콘밸리를 토대로 나타난 많은 혁신 기업들이 개인의 창의성과 다양성을 존중하는 것과는 다른 모습이다.

2020년 기획재정부의 발표에 따르면 우리나라 국내총생산GDP 대비 제조업 비중은 27.8%이다. 각 나라의 제조업 비중은 독일이 21.6%, 일본이 20.8%, 이탈리아가 16.6%, 미국이 11.6%, 영국이 9.6%이다. 비슷한 국민소득을 가진 나라들과 비교했을 때 여전히 우리는 제조업 비중이 높은 나라이다. 그럼에도 전체 GDP에서 제조업이 차지하는 비중은 30%가 되지 않는다. 근래에는 4차 산업혁명의 영향으로 제조업과 ICT 기술의 융합이 활발해지고 있다. 스마트 팩토리, 자율주행 자동차 등 제조업과 소프트웨어 및 서비스업과의 결합이 활발해지는 양상이다.

이제 우리도 제조업 중심의 사업구조에서 벗어나 혁신 기업이 성장할 수 있는 기업 문화를 만들어가야 할 때이다. 이미 산업 간의 경계는 허물어져서 자동차 회사는 소프트웨어 회사로 탈바꿈하고 있고, 플랫폼 중심의 혁신 기업이 대세를 이루어가고 있다. 이러한 사업구조의 변화에서는 기존의 제조업 중심의 관료주의를 탈피하고 창의적이고 혁신적인 사고를 장려하는 기업 문화를 지향해야 한다. 조직의 다양성과 개방성을 바탕으로 책임감 있고 전문성 있는 인재를 활용하여 혁신과 창의성이 싹트게 해야 한다.

대기업 임원으로 일하면서 신입사원 공채채용을 위한 임원 면접에서 면접관을 했을 때이다. 임원 면접은 응시자들에게는 입사를 위한 마지막 관문이었다. 여러 명의 응시자들과 면접을 하는 과정에서 인상 깊은 응시자 A를 만날 수 있었다. A는 여름방학 동안 경쟁사에서 채용 연계형 인턴을 했고 이미 경쟁사에 다음 해 신입사원으로 채용이 확정되어 있다고 했다. 나는 경쟁사에 입사가 확정된 상태인데 왜 우리 회사를 지원했는지 물었다. A의 답은 명확했다. A는 경쟁사에 인턴으로 근무하는 동안 다양한 아이디어를 냈다. 그런데 이런 아이디어들이 윗선에 전달 자체가 안 되고 있다는 사실을 알았다. A는 그런 수직적이고 관료적인 문화가 싫어서 우리 회사에 지원했다고 했다.

신입사원 채용을 위한 A의 평가 기록을 살펴보았다. 실무 면접, 팀장 면접의 점수와 코멘트를 살펴보니 예상대로였다. 실무 면접에서는 점수가 높았지만 팀장 면접은 하위권이었다. 이미 관료적인 마인드가 뿌리 깊은 팀장들은 A의 솔직하고 튀는 면이 싫었을 수 있다. 나는 내심 A가 걱정이 되었다. 우리 회사라고 별다를 것은 없을 텐데, 특히 신입사원이 겪게 될 상당히 관료적인 문화는 충분히 A를 실망하게 할 수도 있다는 생각이 들었다. 나는 솔직하게 말했다. 우리 회사라고 크게 다르지는 않을 것이다. 그런 문화가 싫고 본인이 가지고 있는 아이디어가 많다면 창업을 하는 것이 좋은 방법일 것이다.

다음 해 A는 우리 본부에 신입사원으로 입사했다. 입사 첫날 나는 A를 불렀다. 나는 A에게 자신이 왜 합격한 것 같은지를 물었다. 사실 A는 임원 면접에서 나와 했던 대화로 인해 낙심해 있었다고 했다. 합격할 줄은 꿈에도 몰랐다고 했다. 나는 A에게 신입사원 면접에서처럼 자신의 아이디어를 당당하게 이야기하고 새로운 아이디어가 있다면 언제든 주저 없이 이야기해주기를 바란다고 부탁했다. A는 뛰어난 업무 성과를 보여주었다. 연말성과 평가에서 자신보다 3~4년 선배를 제치고 'S' 평가를 받았다.

전문성은 일의 성과를 통해 입증된다. 즉, 전문성을 바탕으로 일에서 성과를 낼 수 있을 때 전문성이 인정된다. 지금까지는 주어진 계획하에서 성과를 만들어내는 전술적 성과에 대해서만 언급되어 왔다. 지금은 기술, 경쟁구도, 산업, 고객, 규제 등 모든 것이 변화하고 있는 시대이다. 지금과 같은 시대에는 계획을 벗어나 탄력적으로 실행을 할 수 있는 적응적 성과의 중요성이 날로 커지고 있다. 이제 우리도 관료주의를 탈피해야 할 시점이다. 혁신 기업의 창의성이 점점 더 필요한 시점이고 전문성은 그 중요성이 날로 더 커지고 있다.

일을 잘할 수 있는
환경을 마련해주는 것이
리더의 역할

스티브 잡스는 "나의 일은 개발자들을 위한 공간을 마련하고 조직의 잡다한 일을 처리하고 개발자들이 아무것에도 방해받지 않도록 하는 것이다"라고 말했다. 미국의 경영전문가 사이먼 사이넥도 이와 비슷한 말을 했다. "훌륭한 리더의 역할은 훌륭한 아이디어를 제안하는 것이 아니라 훌륭한 아이디어가 나올 환경을 만들어주는 것이다." 직원들에게 일을 잘할 수 있는 환경을 마련해주는 것이 리더의 역할이라는 것이다.

피터 드러커는 "만약 어떤 사람이 리더가 되었다면 그는 더 이상 사람이 아니라 조직 그 자체다"라고 말했다. 리더는 조직의 목표를 성취하기 위해 조직과 혼연일체가 되어야 한다는 뜻이다.

리더십이 있다는 것은 조직의 구성원들을 동기부여하여 조직의 목표달성에 기여한다는 의미이다. 리더 자신의 개인적인 자질이 무엇보다 중요하다. 리더의 개인적인 자질로는 진정성, 책임감, 신뢰, 희생정신, 솔선수범, 실행력을 꼽을 수 있다. 리더의 언행일치와 일관성은 무엇보다 중요한 덕목이다. 이를 통해 직원들과 상호간에 신뢰가 형성된다. 리더는 조직의 책임자로서 리더 개인보다는 조직과 직원들을 먼저 생각하는 희생정신이 요구된다. 조직에서 일어난 모든 일에 대해 나의 책임이라는 깊은 책임감도 필요하다. 또, 빠른 실행과 추진으로 조직의 목표 달성에 기여해야 한다.

그런데 꼭 팀장이 되어야 리더십을 발휘하는 것은 아니다. 우리가 하는 매일의 일도 항상 리더십을 요구한다. 나 자신에 대한 리더십도 필요하다.

리더십은 모방이다

최근에는 좀 더 다양한 리더십 스타일 이야기가 거론되고 있다. 여러 가지 연구에서 리더십의 다양한 스타일을 다루고 있다. 리더십의 종류에 대해 연구마다 조금씩 차이는 있지만 크게 다른 점은 없는 것 같다. 중요한 것은 리더십이 리더에 따라 달라지는 특성이 아니라 환경에 따라 달라지는 특성이라는 점이다. 예를 들어, 민주주의형democratic 리더십 스타일을 구사하는 리더가 있다고 하자. 그 리더가 항상 민주주의형 리더십 스타일일 수는 없다. 조직이 처한 현재의 환경이 민주주의형 리더십을 구현했을 때 가장 적합하다고 생각했을 것이다.

리더는 조직의 환경과 구성원의 성숙도, 목표의 도전성 등 다양한 요소를 감안하여 상황에 맞는 리더십을 구현한다. 같은 조직 안에서도 직원에 따라 A직원에게는 민주주의형 리더십, B직원에게는 코칭coaching 리더십을 구현할 수도 있다. 이는 직원마다 다른 전문성과 일하는 태도에 기인한다. 같은 임파워링empowering 리더십을 구현한다 하더라도 직원마다 자신이 위임받은 권한이 다를 수도 있다. 사람마다 고정된 리더십은 없다. 항상 환경에 따라 유연하게 변해야 하는 것이 리더십 스타일이다.

나의 경우에도 맡았던 조직과 직원들에 따라 천차만별의 다른 리더십을 구현했었다. 전체적으로 구성원들의 학습 열의가 크고 일의 의욕이 넘치는 조직은 코칭 또는 인스피레이셔널Inspirational 리더십으로 일을 했다. 직원들의 의욕이 떨어져 있고 패배주의가 팽배한 조직을 맡았을 때 초기에는 변혁적change 리더십으로 일을 했다. 조직의 분위기가 달라지고 어느 정도의 궤도에 오른 다음에는 임파워링 리더십으로 바꾸어 내가 조직을 떠날 때를 대비했다.

미국의 미식축구 감독 빈스 롬바디는 "리더는 타고나는 것이 아니라 만들어지는 것이다. 리더 역시 세상의 다른 것과 마찬가지로 노력으로 만들어진다. 노력은 언제나 목표를 이루기 위해 우리가 치러야 하는 대가이다"라고 말했다. 인생은 끊임없는 배움이다. 리더십 또한 꾸준히 발전시켜나가야 하는 영역이다. 직장 생활을 하다 보면 수많은 상사를 만나게 된다. 나의 기준으로 좋은 상사도 만나고 그렇지 못한 상사도 만난다. 그들 모두는 나의 리더십을 트레이닝해주는 훌륭한 선생님이다. 그들이 하는 행동, 메시지, 직원들을 대하는 태도 등을 관찰해본다. 좋은 리더라 하더라도 직원으로서 배우고 싶은 것과 배우고 싶지 않은 것이 있을 것이다. 나쁜 리더도 마찬가지이다. 이렇게 'Do'와 'Don't'를 계속 머릿속에 쌓아간다.

조금 더 나아가 What-if Simulation을 해본다. 어떤 상황이 발생했을 때 내가 직접적으로 의사결정을 하거나 행동을 해야 하는 책임자는 아니지만 나라면 어떻게 할 것인가라는 생각을 해본다. 나의 생각을 정리해보고 책임자들은 어떻게 하는지를 관찰해본다. 책임자들의 결정에 의해 결과가 어떻게 되었는지, 내 생각대로 했다면 결과가 어떻게 되었을지를 나 자신에게 피드백한다. 피드백을 통해 내가 미처 생각하지 못했던 것을 알아갈 수 있다. 이는 주변에서 일어나는 많은 일들에 대해 적용해볼 수 있다.

리더십은 모방이다. 그리고 끊임없는 시뮬레이션과 피드백을 통해 점점 더 경지에 오르게 되는 것이다. 지금 내가 리더가 아니라서 리더십은 중요하지 않다고 생각해서는 안 된다. 리더의 자질은 어디에서나 요구된다. 리더십 또한 나의 생각을 통해 하루하루 발전되어가는 과정을 거쳐야 하므로 지금 당장 시작해야 한다.

37명의 퇴사자가 1명으로 줄어든 이유는

새로운 조직에서 일을 시작하는 데 가장 어려운 것은 직원들과 신뢰 관계를 형성하는 일이었다. 시간이 지나면서 서로에 대해 점점 알게 되면 '아, 저 사람이 이런 사람이구나' 하면서 점점 서로를 신뢰하게 된다. 그런데, 잘 모르는 상태에서는 무턱대고 신뢰하기는 어려울 것이다. 항상 깨달은 것은 사람의 진심은 결국에는 다 알게 된다는 것이다. 그러니 진심으로 사람을 대하고 있다면 걱정할 일은 아니다. 다만 그러기까지 걸리는 시간을 좀 더 단축하려는 노력이 필요하다. 신뢰 관계가 형성되기 이전의 오해는 견디기 힘든 부분이 많다. 하지만 일단 한번 신뢰 관계가 형성되면 일은 비교적 수월해진다.

내가 새로 맡은 조직은 직원 모두가 맡은 분야의 전문성을 가진 전문가 조직이었다. 그런데 내가 부임하기 전 지난 1년 동안 37명의 퇴사자가 발생했다. 이는 안정적인 고객 서비스를 진행해야 하는 조직에서 치명적인 일이었다. 높은 이직률은 조직의 분위기와 남은 직원들에게도 악영향을 끼쳤다. 직원들은 의기소침해 있었다. 협업을 해야 할 주변의 다른 조직으로부터 불평의 목소리도 컸다. 당연히 고객 서비스에 문제가 생겼다. 경영진이 이야기한 내가 이 조직을 맡아야 하는 이유였다.

조직의 모든 팀원들을 일대일 면담을 통해 다 만나면 좋을 텐데 그러기에는 시간이 너무 없었다. 각 팀별 절반 정도의 직원들과 일대일 면담 일정을 우선적으로 잡았다. 면담할 직원들 선정은 팀장들이 하게 했다. 한 시간 정도로 일대일 면담을 진행하면서 직원들의 경력 히스토리, 본인의 희망, 현재 조직의 문제점, 개인적인 고민, 나의 지원이 필요한 부분 등 많은 이야기를 듣게 되었다. 나는 조직을 맡으면 항상 직원들에 대한 노트를 만든다. 직원들과 일대일 면담을 통해 파악한 이야기를 빼곡히 적어둔다. 이렇게 정리한 노트는 태스크 포스 팀Task Force Team을 조직할 때 목적에 맞는 직원들을 선정하거나 직원들의 경력 관리를 위해 쓰인다. 직원들에게 변동이 생기면 계속 업데이트한다.

면담을 끝내고 조직과 관련한 로드맵을 만들었다. 먼저 전문가 집단으로서 우리 조직에 맞는 비전을 설정했다. 명확한 키 퍼포먼스 인덱스KPI, Key Performance Index도 설정했다. 직원들은 모두 엔지니어로 전문가들이었다. 나도 엔지니어 출신이기 때문에 직원들의 생각과 희망을 잘 알 수 있었다. 직원들이 전문가로서 성장할 수 있는 커리어 경로를 만들었다. 우리 조직에서 발전시켜야 할 전문성을 세부적으로 나누어 그 안에서 SMESubject Matter Expert의 가이드에 따라 개인의 스킬을 향상시킬 수 있는 길도 만들었다. 그리고 각 팀의 미팅에 참석하여 우리 조직의 나아갈 방향과 이러한 정책에 대해 직원들과 공유하고 직원들의 의견을 들었다.

직원들이 나와의 면담에서 지원 요청 사항으로 이야기한 내용들을 중요도에 따라 분류했다. 직원들 몇 명이 생산성 향상을 위해 필요한 자동화 툴에 대한 지원 요청을 했었다. 툴의 도입효과를 부각시켜 승인을 받고 직원들이 바로 구입할 수 있게 조치를 했다. 이 일로 나에 대한 직원들의 신뢰가 생기기 시작했다. 직원들은 '아, 이분은 좀 다르구나. 우리가 이야기한 것을 잊지 않고 실행하는 분이구나'라는 생각을 했다고 한다. 하나씩 문제를 해결해나가고 직원들과의 약속을 일관되게 지켜나가면서 직원들의 신뢰도는 차츰 높아졌다.

내가 해결해야 할 가장 큰 문제는 글로벌 본사에서 내려온 프레임워크였다. 2년 전 글로벌 본사에서는 전 세계의 딜리버리 조직을 대상으로 새로운 정책을 시행했다. 해당 조직의 업무를 글로벌 프레임워크에 맞게 트랜스포메이션하는 작업을 진행한 것이다. 그런데 이 프레임워크가 문제였다. 각 나라의 차별화된 비즈니스 현황이 반영되지 않은 채로 모든 나라는 이를 따라야 했다. 글로벌에서 새로운 정책으로 중요하게 밀어붙인 과제였다.

우리 실정에 맞지 않는 프레임워크는 직원들의 업무를 가중시키고 있었다. 직원들은 자신이 실제 하는 일과는 다르게 글로벌 프레임워크에 맞춘 보고서를 1주일에 한 번씩 별도로 작성하고 있었다. 1년에 한 번씩 아시아 태평양 지역의 심사관들이 우리가 글로벌 프레임워크에 맞게 일을 잘하고 있는지 심사를 나와서 국가별 평가도 진행하고 있었다. 그런데 글로벌에서 획일적으로 내려온 프레임워크를 따라가면서 로컬에서는 경쟁력을 잃고 있었다. 고객 불만도 컸고 직원들도 힘들었다. 이것이 직원들과 면담 시에 모든 직원들이 개선해야 한다고 이야기한 내용이었다.

글로벌 회사의 로컬에 있는 임원들의 역할은 무엇일까? 나는 이때 심각하게 고민했다. 글로벌 정책을 그대로 따라서 한다면 로컬에 능력 있는 임원이 있을 이유가 무엇이겠는가? 글로벌에서 강하게 밀어붙이는 정책이 있다 하더라도 그것이 로컬 실정에 맞지 않고 직원들의 고통을 가중시키고 고객을 잃을 가능성이 크다면 적절한 에스컬레이션을 통해 정책을 수정하게 해야 하는 것이 아닐까? 그것이 글로벌 회사의 로컬 임원들이 해야 하는 일이라는 결론을 내렸다.

글로벌 프레임워크를 걷어내야겠다는 결심을 했다. 먼저 팀장회의에서 이러한 결심을 이야기하고 이를 위한 추진 태스크 포스 팀Task Force Team을 조직했다. 팀장들은 걱정이 많았다. 글로벌에서 용인하지도 않을뿐더러 잘못하다가 임원이 잘릴 수도 있다는 이야기였다. 모든 책임은 내가 지기로 하고 글로벌 본사까지 단계적으로 보고할 내용을 만들기 시작했다. 직원들이 프레임워크에 맞춰서 진행하고 있는 보고만을 위한 보고서 작성은 중지시켰다.

몇 달 후, 우리가 프레임워크에 맞게 일을 잘하고 있는지를 평가하기 위해 AP심사팀이 도착했다. 심사관들과의 첫 회의에서 나는 그동안 준비한 자료를 가지고 발표를 했다. '우리는 글로벌 프레임워크가 맞지 않는다. 직원들, 고객들, 비즈니스 상황 어느 것 하나 긍정적이지 않다'라는 것이 발표의 주요 메시지였다. 그 이후 몇 번의 회의와 보고가 수개월에 걸쳐 단계적으로 더 진행되었다. 그리고 마침내 우리는 전 세계에서 글로벌 프레임워크를 걷어낸 최초의 나라가 되었다. 나는 그 조직을 딱 8개월을 맡았었다. 내가 맡은 8개월 동안 직원 자발 퇴사는 1명이었다. 그 전 37명에 비하면 많은 발전이 있었다. 조직은 안정되어 갔다. 이 일은 직원들의 리더에 대한 신뢰, 책임감 있는 리더의 역할에 대해 많은 생각을 하게 해주었다. 글로벌 회사의 로컬 임원들 역할에 대해서도 말이다.

성공적인 커뮤니케이션은
듣는 이의 공감을 통한 목표달성

경영학의 대가 피터 드러커는 커뮤니케이션의 중요성에 대해 다음과 같이 말했다. "인간에게 가장 중요한 힘은 표현력이며, 현대의 경영이나 관리는 커뮤니케이션으로 좌우된다." "내가 무슨 말을 했느냐가 중요한 것이 아니라, 상대방이 무슨 말을 들었느냐가 중요하다." 지식이 아무리 많아도 전문성이 아무리 높아도 이를 표현하는 커뮤니케이션이 효과적이지 않으면 이를 알 길이 없다. 효과적인 커뮤니케이션으로 나의 의도와 생각이 상대방에게 전달되어야 한다. 《하버드 비즈니스리뷰》가 분석한 조사 자료에는 94.7%의 응답자가 성공에 도움이 되는 요인으로 커뮤니케이션 능력을 선택했다고 한다.

우리가 종종 "말이 안 통해"라고 토로하는 것도 말 자체를 못 알아들었다는 것이 아니라 설득이 되지 않은 경우가 많다. 커뮤니케이션을 잘한다는 의미는 단순히 말을 유창하게 잘하는 것을 의미하는 것

이 아니다. 커뮤니케이션을 통해서 달성하고자 하는 목표를 달성할
수 있는지가 중요하다. 우리의 생각을 전달하는 커뮤니케이션 형태
는 다양하다. 보고서와 같은 문서, 발표, 대화, 회의, 협상 등 여러 가지
종류가 있다. 커뮤니케이션에 활용되는 도구도 표정, 말투, 보고서, 발
표자료, 전달하는 말 등 여러 가지가 있다. 요약하면 나는 커뮤니케이
션을 잘한다는 것이 다양한 수단을 상황에 맞게 활용하여 문서, 발표,
대화, 회의, 협상 등에서 목표하는 바를 이루는 것이라고 정의한다.

커뮤니케이션은 상대방에 대한 이해와 공감에서 시작된다

형태도 다양하고 자신의 의도와 생각을 상대방에게 효과적으로
전달하기 쉽지 않은 커뮤니케이션을 어떻게 하면 목표를 달성하도록
효과적으로 할 수 있을까?

먼저 커뮤니케이션의 목표를 수립해야 한다. 문서를 작성하거
나 발표를 하거나 회의나 협상을 할 때, 무엇을 하더라도 목표를 먼
저 생각해야 한다. 왜 그 행위를 하는 것인지. 보고서의 경우 보고서
의 목적이 무엇인지. 회의의 목적이 무엇이고 거기서 나의 역할은 무
엇인지. 협상에서는 내가 얻고자 하는 목표는 무엇이고 어디까지를
감수할 수 있는지 등 각각의 커뮤니케이션 행위의 목표를 먼저 수립

해야 한다. 목표에 맞춰 준비하는 것은 그다음이다.

커뮤니케이션의 대상자를 파악하여 그들의 눈높이에 맞게 준비한다. 발표를 할 때에는 청중이 누구이고 그들이 알고자 하는 바를 먼저 파악해야 한다. 보고를 위해서는 보고서의 목적과 보고를 받는 최종 고객이 누구인지에 대한 파악이 필요하다. 그들이 기대하는 바를 파악하여 눈높이에 맞는 내용을 준비해야 한다. 대상자가 누구이냐에 따라 전달되는 내용이 달라질 수 있다. 커뮤니케이션의 대상자는 우리의 목표를 이루게 해줄 고객이다. 그의 이해도를 높이고 그를 설득할 수 있어야 한다.

정부 기관에서 다음 해 예산을 계획하고 책정받기 위해서는 여러 단계를 거친다. 소속되어 있는 부처에서 1단계 심사를 마치면 기획재정부로 넘어간다. 기획재정부에서 우리의 예산이 잘 반영되게 하기 위해서는 기획재정부 예산 담당부서와 실국장님들에게 그 예산이 왜 꼭 필요한지를 잘 설명해야 한다. 고객들을 대상으로 오랫동안 일을 한 경험이 많은 나는 이런 일들이 어렵지 않았다.

기재부 담당사무관부터 과장, 국장, 실장까지 각각 만나서 해당 예산이 왜 필요한지를 그들의 눈높이에 맞게 설명했다. ICT 전문용어로 설명하는 것은 그분들의 이해에 도움이 되지 않는다. 국장님이나 실장님을 만날 때는 딱 한 장의 자료를 들고 들어갔다. 대한민국 ICT 인프라 미래 모습이라는 제목하에 우리 기관이 하고 있는 일이 어떤 일인지를 그림으로 설명했다. 다음 해 필요한 예산에 대해서도 큰 그림으로 일목요연하게 설명을 했다. 공무원 사회에 특별한 연줄은 없었지만 다음 해 예산을 받아내는 것은 나에게 그리 어려운 일이 아니었다.

내가 전달하고자 하는 내용을 잘 알아야 한다. 전달 형태가 문서, 발표, 대화, 협상, 회의 어느 것이든 다 마찬가지이다. 내용에 대해 잘 알면 자신감이 생긴다. 나 자신도 잘 모르는 내용을 가지고 어떻게 상대방을 설득할 수 있겠는가? 본인도 설득을 못하면서. 피상적인 내용만 파악해서는 안 된다. 전달하고자 하는 내용에 대해서는 전문가 수준으로 준비를 해야 한다.

평소에 관련 지식과 경험을 많이 쌓아두면 이야기할 내용이 풍부해진다. 나의 일과 산업의 트렌드에 대해 지속적인 관심을 가지는 것도 중요하다.

되도록 간결하고 쉽게 전달한다. 전달하고자 하는 전체 내용의 스토리라인을 작성해본다. 그리고 주요 메시지를 분명하게 한다. 이때 내용이 간결하고 쉽게 전달이 되도록 한다. 발표나 보고서 형식의 경우에는 통계 자료나 간단한 그래픽을 활용하는 것도 좋다. 통계자료나 숫자는 내용에 명확성과 신뢰도를 높여준다. 전달하고자 하는 내용의 요지를 간단하게 정리하여 이를 앞에 첨부하면 상세 내용의 이해도 쉬워진다.

상호교류가 중요하다. 의견의 다름을 확대해석하지 않는다. 발표의 경우 청중들과의 교감이 중요하다. 보고서의 경우 보고의 최종 고객이 원하는 바를 담을 수 있어야 한다. 회의 진행 중에 다른 의견을 만났을 때 그것을 사람에 대한 부정적 감정으로 발전시키는 것은 좋지 않다. 의견과 사람을 분리해서 생각하려는 노력이 필요하다. 대부분의 사람들은 의견과 사람을 분리하지 못하고 동일시한다. 그래서 반대의견에 대해 감정적이 되기도 한다. 커뮤니케이션을 잘한다는 의미는 이러한 감정적인 부분도 컨트롤을 해야 한다는 뜻이다. 의견은 의견으로서 받아들여야 한다.

비언어적 표현인 표정과 제스처도 내가 하는 말을 뒷받침할 수 있어야 한다. 말 이외의 표정과 제스처 등은 비언어적 커뮤니케이션의 형태이다. 때로는 이러한 비언어적 커뮤니케이션이 목표 달성에 많은 역할을 한다. 말과 표정이 일치되었을 때 그 사람의 말에 대한 신뢰도가 높아진다. 미국의 심리학자 앨버트 메라비언은 커뮤니케이션을 할 때 상대방에게 주는 인상의 영향에 대해 연구했다. 표정, 태도, 행동 등의 겉모습에 대한 시각정보에 의해 55%의 영향을 받는다. 그다음이 언어, 어조, 목소리의 크기, 말하는 속도 등의 청각정보로 38%이다. 마지막은 이야기의 내용과 같은 언어정보로 7%이다. 비언어적 표현을 결코 간과해서는 안 된다.

사람들은 밝고 긍정적인 사람과 같이 일하기를 원한다

어느 날 한 직원과 고민 상담을 했다. 그 직원은 본인의 표정이 너무 밝아서 손해를 보는 것 같다고 했다. 이유를 물어보니 다른 직원들은 힘들고 고생하는 티가 얼굴에 묻어나는데 본인은 아니라는 것이었다. 그래서 의식적으로 표정관리를 해야 할 것 같다는 고민이었다. 특히 윗사람들이 볼 때 힘들어 보이는 표정을 하는 직원이 더 고생하는 것같이 보이느냐는 질문도 함께였다. 직원에게 직원의 선배들이 나에게 했던 이야기를 들려줬다. "선배들이 ○○○을 보면 표정이 밝아 기분까지 좋아진다고 하던데. 힘들고 바쁜 일도 많을 텐데, 늘 밝게 웃으며 인사해서 건물에 들어서는 순간 기분까지 환해진다고들 말했어요."

군이 나의 표정으로 힘든 상황을 표시할 이유는 없다. 내가 열심히 하고 있다는 것을 알리고 싶겠지만, 군이 그러지 않아도 제대로 된 리더들이라면 모두 알고 있다. 오히려 리더들은 얼굴 표정이 힘들어 보이는 직원을 보면 그 직원이 '맡은 일을 감당하기 힘들어서 그런 게 아닌가?'라고 역량을 의심할 수도 있다. 지금 하는 일이 힘들거나 조직에 불만이 있다면 정확하게 의사표현을 해야한다. 표정을 통해 표현하는 것은 성숙하지 못한 태도이다. 오히려 팀의 분위기를 저해할 뿐이다. 누구나 긍정적이고 행복한 사람과 일하고 싶어 한다.

기관장으로 일을 하면서 가끔씩 차관님께 업무보고를 드리러 갔다. 어느 날 차관님께서 나를 보고 물으셨다. "기관의 업무가 상당히 힘든 일인 것을 압니다. 그래서인지 전에 원장들은 얼굴 표정이 하나같이 안 좋았어요. 많이 힘들다는 것이 늘 얼굴에 쓰여 있었습니다. 그런데 어떻게 된 일인지 김 원장은 얼굴 표정이 늘 밝고 지금 하는 일이 너무 쉬워 보입니다. 어떻게 그것이 가능할까요?" 나는 평소의 생각을 말씀드렸다.

"기관장인 저의 얼굴이 어두우면 직원들이 오히려 기관에 무슨 걱정거리가 있는지 걱정을 합니다. 우리 기관은 장애나 사이버 해킹 등으로부터 국가 시스템을 방어해야 하는 굉장히 힘든 일을 하고 있습니다. 24시간 365일 긴장하면서 일해야 하는 것도 맞습니다. 책임소재도 큽니다. 하지만 어려울 것은 없습니다. 직원들이 괜한 불안감을 갖는 것을 원하지 않습니다. 직원들이 기관장의 얼굴을 보고 다른 걱정을 하지 않게 하는 것이 제가 해야 할 역할이기도 합니다. 그러기 위해서 저는 항상 제 안에 긍정적인 마음을 심습니다."

진화론의 기초를 확립한 찰스 다윈은 "자신감 있는 표정을 지으면 자신감이 생긴다"라고 말했다. 기독교 성직자인 성 제롬은 "얼굴은 마음의 거울이며, 눈은 말없이 마음의 비밀을 고백한다"라고 했다. 얼굴은 우리 마음의 표현이다. 긍정적이고 자신감 있는 생각은 나의 얼굴을 통해 나타난다. 의식적으로라도 긍정적인 마음가짐을 갖는 것이 중요하다. 마음과 얼굴은 서로 상호작용을 하는 것 같다. 어느 것 하나가 밝아지면 나머지 것도 밝아진다.

프레젠테이션을 통한 컨설턴트 육성하기

첫 이직으로 맡게 된 조직은 기업고객을 대상으로 하는 컨설팅 본부였다. 새로 생긴 조직이었다. 단기적으로 두 가지 목표를 세웠다. 첫 번째 목표는 상품의 현황 파악을 통한 경쟁력 강화였다. 회사 각 조직에서 가지고 있는 모든 솔루션들을 모으는 작업을 진행했다. 글로벌 회사는 자사의 상품이나 오퍼링이 고객에게 잘 전달될 수 있는 형태로 패키징이 잘 되어 있다. 그런데 이직을 한 회사는 상품에 대한 정의도 다르고 고객에게 전달될 수 있는 완성된 형태로 구성되어 있는 것이 없었다. 제품의 생명주기Product Life Cycle에 대한 관리도 제대로 되어 있지 않았다.

일단 회사 내에 산재한 솔루션들과 기술원에서 만들었다는 상품들을 모두 모았다. 이 중 시장경쟁력을 고민해보고 상품화할 수 있는 솔루션만 골라냈다. 이것들을 6개의 카테고리로 묶어 솔루션들을 배치했다. 이렇게 전체적인 B2B 솔루션 프레임워크를 완성했다. 각 상품별로는 상품에 대한 세부 설명과 타깃 고객, 솔루션 구성도, 구현된 레퍼런스, 협력업체 등을 모두 정리해나갔다. 이렇게 〈B2B 솔루션 가이드북〉이 탄생했다.

두 번째는 이렇게 만들어진 프레임워크를 근간으로 B2B 고객 대상으로 세미나를 진행하는 것이었다. B2C 마케팅과 B2B 마케팅은 많이 다르다. 그간 B2B 고객을 대상으로 한 세미나는 간혹 있었으나 대부분 외부 강사를 초청해서 단발적으로 진행된 것이 전부였다. 전체 프레임워크를 근간으로 회사가 제공할 수 있는 솔루션을 모두 소개하는 종합적인 세미나를 진행하기로 하고 준비에 들어갔다. 세미나의 일정을 짜고 아젠다를 정했다. 산업별 특화 솔루션과 고객이 직접 사용경험을 발표하는 세션도 만들었다. 금융, 유통, 제조 등 주요 산업별 컨설턴트가 이를 발표하게 하는 것이 좋다는 생각을 했다. 이런 나의 생각을 직원들에게 전달했더니 모두들 고개를 저었다.

그도 그럴 것이 내가 맡은 조직이 컨설팅 본부인데 산업별 도메인 지식을 가진 컨설턴트가 많이 부족했다. 짧은 기간에 숙련된 컨설턴트를 육성하기는 어렵겠지만, 이번 기회를 활용해서 노력해보기로 했다. 세미나까지는 2~3달의 여유가 있었다. 먼저 산업별 컨설턴트를 선정했다. 선정된 직원들은 발표를 책임지게 되었다. 발표 자료를 직접 만들었고 발표도 직접 하기로 했다. 매일 직원들의 발표 연습을 듣고 보완할 사항에 대해 코멘트를 했다. 다음날 직원들이 수정한 자료로 다시 발표하고, 이런 작업을 계속 반복해나갔다. 발표 내용과 프레젠테이션에서 강조할 부분, 발표 자세 등 전체적인 부분을 매일 점검했다.

매일 연습을 해나가면서 자료는 점점 더 완성도가 높아졌고 직원들의 자신감과 실력도 늘어갔다. 사실 발표 자료를 준비하려면 다양한 자료를 공부하면서 고민을 해야 했고 그러는 동안 직원들의 실력은 조금씩 늘고 있었던 것이다. 마침내 세미나 날짜가 되었고 비가 오는 날씨임에도 세미나는 대성황을 이루었다. 세미나가 끝나고 고객들의 좋은 반응을 통해 얻은 직원들의 자신감은 하늘을 찔렀다. 나는 그날 밤 직원들이 보내온 문자메시지에 가득한 성취감과 자신감을 아직도 기억한다. 커뮤니케이션의 한 방법인 프레젠테이션을 준비하고 연습하고 직접 발표를 하면서 나와 직원들은 많은 것을 얻을 수 있었다.

일을 잘하기 위해서 커뮤니케이션은 매우 중요한 역량이다. 이 또한 전문성이나 리더십처럼 하루아침에 쌓을 수 있는 역량이 아니다. 꾸준한 연습과 경험이 중요하다. 커뮤니케이션의 대상자를 이해하고 공감하는 것에서부터 시작해보자. 언어 외적인 요소에 대해서도 연습이 필요하다. 마음에서 우러나오는 자신감과 긍정적인 생각이 얼굴 표정으로 나타나는 것이 좋다. 우리는 누구나 행복한 생활을 원한다. 명확한 커뮤니케이션, 밝고 자신감 넘치는 표정을 가진 사람은 늘 같이 일하고 싶은 사람이다.

기회가 없음을 두려워 말고
준비되어 있지 않음을
두려워하라

너무나 당연한 말 같지만 기회는 항상 온다. 다만 그 기회를 잡으려면 내가 충분히 준비가 되어 있어야 한다. 다시 말해, 혹시 자신한테 특별한 기회가 없었다고 생각한다면 오히려 준비가 되지 않아 놓친 것은 아닌지 되돌아봐야 한다는 뜻이다. 특히 실력을 갖춘 직원은 회사나 조직이 위기에 있을 때 더욱더 빛이 난다. 회사의 위기 상황에서는 실력 있는 인재에 기댈 수밖에 없기 때문이다. 위기를 헤쳐나가는 도전 과제가 어렵고 힘들어 실력을 돋보이게 해준다는 의미이기도 하다. "기회는 오는 것이 아니라 내가 잡는 것이고 기회는 주어지는 것이 아니라 내가 만드는 것이다"라는 말이 있다. 중요한 것은 내가 준비된 사람이어야 기회를 잡을 수도 만들 수도 있다는 의미이다.

미국의 강철왕 앤드류 카네기는 "기회를 만나지 못한 사람은 한 명도 없다. 그 기회를 잡지 못한 것뿐이다"라고 말했다. 미국의 사상가 겸 시인인 랠프 왈도 에머슨도 준비의 중요성을 이야기했다. 그는 "기회가 없음을 두려워하지 말고 준비되어 있지 않음을 두려워하라"라고 말했다. 직업 세계에서 우리는 여러 가지 상황에 맞닥뜨린다. 그것이 기회가 될 것인지 위기가 될 것인지는 나 자신에게 달려 있다. 위기 상황에서 문제를 해결할 수 있는 제대로 된 실력을 갖추고 있는지가 중요하다. 제대로 된 실력을 바탕으로 그 일에 대한 의지와 열정이 필요하다.

기회는 어떤 모습으로 오는가

내가 일하는 부서에 심각한 문제가 생겼다. 조직의 책임자는 비즈니스 규정 위반으로 회사로부터 퇴사 조치되었다. 갑작스러운 일이라 새로운 리더를 선정하는 데까지 시간이 필요했다. 그때 우리 조직은 한 고객사와 중요한 비즈니스를 앞두고 있었다. 비즈니스를 성사시키기 위해 고객사 임원과의 미팅이 필요했다. 조직의 리더가 공석이 된 상태에서 누가 회사 부사장님과 함께 고객을 만날 것인지가 문제였다. 그런데 회사 부사장님과 같이 고객 경영진을 만날 사람으로 갑자기 내가 선택되었다.

그전까지 부사장님은 나에 대해서 잘 모르셨다. 부사장님과 같이 고객을 만난 것도 처음 있는 일이었다. 더군다나 이 미팅은 우리 회사로서는 고객을 설득할 수 있는 기회였고 아주 중요한 미팅이었다. 나는 자료를 준비해서 미팅에 참석했다. 고객들이 계획 중인 프로젝트 파트너로 왜 우리 회사를 선택해야 하는지를 설득력 있게 이야기했다. 부사장님은 그 미팅에서 나의 설명과 대처에 큰 감명을 받으셨다고 했다. 그 이후 나는 회사에 기회가 있을 때 거론되는 한 사람이 되었다. 부사장님은 나처럼 엔지니어로 오랫동안 일을 하셨던 분이고 모든 사람으로부터 신뢰를 받는 훌륭한 분이셨다. 얼마 후 나는 부사장님 권유로 팀장이 되었다.

사실 그 전년도에 나는 다른 조직으로 부서 이동을 희망했다. 나의 상사인 조직의 책임자와 일의 목표와 일하는 방식이 너무 달랐다. 사안별로 나의 의견에 대해 여러 차례 이야기했으나 받아들여지지 않았다. 고민 끝에 부서 이동을 하기로 마음먹었고 그전부터 나에게 오라고 했던 부서로 옮기기로 했다. 옮기게 될 부서의 장을 만나 내가 맡게 될 일에 대해서도 이야기를 마쳤다. 현재 있는 부서의 피해를 최소화하기 위해 9월에 미리 상사에게 말씀드렸다. 내년 초에 조직을 옮기고 싶으니 준비해주시면 좋겠다는 나의 뜻을 전했다. 상사는 알겠다고 했다.

다음 해가 되었다. 내가 옮겨야 할 부서에서는 빨리 오라고 성화였다. 그런데 막상 내가 있는 조직의 상사는 움직이지를 않으셨다. 그러는 중에 갑자기 한 고객사의 컨설팅 프로젝트가 급진전되었다. 고객사는 컨설팅 후속으로 더 큰 규모의 프로젝트를 연달아 진행할 예정이었다. 컨설팅 프로젝트를 성공적으로 수행하는 것이 다음 비즈니스를 위해서 매우 중요한 일이었다. 이러한 상황이 되니 나의 상사는 나의 부서 이동을 거부했다. 중요한 프로젝트인 만큼 적임자가 나밖에 없다는 이유였다. 프로젝트를 마치면 부서 이동을 해주겠다고 했다.

이미 조직을 옮기기로 생각을 다 정리한 상태였는데 다시 마음을 풀어놓기가 힘이 들었다. 상사에 대한 신뢰는 이미 바닥으로 떨어진 상태였다. 하지만 어쩔 수 없었다. 중요한 프로젝트를 앞두고 나 몰라라 할 수도 없었다. 옮기기로 한 조직에 상황을 설명하고 미안하다는 말을 전했다. 아쉽지만 다음을 기약할 수밖에 없었다. 다음은 나의 마음이 문제였다. 나는 기왕 이렇게 된 거 나의 마음을 다잡기 시작했다. 나는 이러한 상황을 잊고 프로젝트가 진행되는 동안 오로지 프로젝트에만 몰입해야겠다고 마음먹었다.

고객사에서 6개월 동안 오로지 프로젝트의 성공만을 생각하고 일을 했다. 이번에 진행한 컨설팅은 일반적인 컨설팅과는 달라서 일반적인 컨설팅 방법론을 사용할 수 없었다. 이런 일을 대비해서 IT에 특화된 컨설팅 방법론을 만들었었다. 이번 프로젝트를 진행하면서 방법론을 좀 더 고도화시켰다. 아직 구현되지 않은 IT 시스템이라 결과 값을 예측하기가 힘들었다. 이를 극복하기 위해 모델링을 통해 실제와 같은 환경을 만들었다. 이렇게 만들어진 가상환경에 트래픽을 흘려보내는 시뮬레이션을 통해 결과 값을 미리 예측하는 방법도 도입했다.

우리 프로젝트 팀에 대한 고객들의 신뢰는 컸다. 프로젝트도 성공적으로 마무리되었다. 고객들은 별도의 예산을 마련하겠다고 지속적인 나의 지원을 요청했지만 나는 회사로 복귀했다. 이제 미루어두었던 부서 이동에 대해 다시 이야기를 꺼내려는 시점이었다. 그런데 나의 회사 복귀 시점에 갑자기 나의 상사가 회사를 그만두게 된 것이다. 조직에 상당히 심각한 문제가 발생한 상황이라 부서 이동 생각은 또 다시 접어야 했다.

'새옹지마', '전화위복'과 같은 말이 있다. 직장 생활에서는 내가 원하는 대로만 할 수는 없다. 조직의 목표가 우선시되는 경우가 대부분이다. 만약 그때 내가 의도했던 대로 다른 조직으로 부서를 옮겼더라면 회사에서 중요한 인재라고 인정될 때까지는 더 많은 시간이 걸렸을 수도 있다. 직장 상사와의 관계는 일시적인 문제이다. 조급하게 생각하지 말아야 한다. 지금 내가 의도했던 대로 되지 않았다고 실망할 필요는 없다. 우리에게 선택권이 없는 것에 대해서는 마음을 비울 줄도 알아야 한다. 일단 결정이 되면 우리가 선택할 수 있는 최선을 다하는 것이다. 최선을 다하는 것은 항상 우리가 할 수 있는 우리의 몫이다.

이직은 스토리가 중요하다

미래 경영의 불확실성을 이야기할 때 사용되는 용어로 VUCA(뷰카)를 이야기한다. VUCA는 Volatility 변동성, Uncertainty 불확실성, Complexity 복잡성, Ambiguity 모호성의 줄임말이다. 급변하는 기술, 경제, 사회는 우리에게 변동적이고 불확실한 미래를 예측하게 한다. 이제는 불과 1년 앞을 내다보기도 힘들어졌다. 기업 환경의 불확실성은 직장인의 앞날도 불확실하게 만든다. 평생직장에 대한 생각은 깨진 지 오래이다. 그러나 위기 속에 기회는 있다. 이럴 때일수록 기업은 준비된 인재를 통해 불확실한 시대를 헤쳐나가려고 노력할 것이다. 인재의 중요성이 더욱더 커지고 있다.

이직이 필수가 된 시대가 되었다. 나 역시도 4개의 서로 다른 성격의 직장에서 근무한 경험이 있다. 이직을 하는 이유와 동기는 다 다르지만 경력의 일관성 측면에서 나의 일이 확대되고 전문성을 확장할 수 있는 이직이라면 긍정적이다. 하지만 이직이 다 좋은 것은 아니다. 한 직장에 계속 다녔을 때보다 잃은 것도 많다. 회사 내에 잘 구축되어 있는 인적 네트워크를 잃는다. 신입사원 공채로 들어가서 성장하면서 쌓아올린 조직의 순혈주의에 대한 이점을 잃는다. 경력직원을 외부에서 굴러 들어온 돌로 비유하고 그들에게 상당히 배타적인 조직도 있다. 그럼에도 불구하고 나의 성장을 위해 해볼 만하다고 생각된다면 이직을 하면 된다. 선택은 항상 준비된 우리의 몫이다.

이직에는 여러 종류가 있다. 연봉이나 직급을 올리는 이직, 근무 여건이 좋아지는 이직, 상사를 회피하기 위한 이직, 나의 경험의 폭과 깊이를 넓고 깊게 해줘서 나를 성장시키는 이직 등 다양하다. 나를 성장시킬 수 있는 이직의 경우도 상황이 다 다르다. 전문성이 더 깊어질 수도 있고 넓어질 수도 있다. 새로운 산업을 경험하거나 새로운 조직 문화를 경험하거나 다른 나라를 경험하는 이직이 될 수도 있다. 직장 내의 승진 누락이나 상사와의 갈등, 연봉에 대한 불만 등은 한시적일 수 있다. 여기에 너무 깊게 상처를 받고 이직을 하는 것은 바람직하지 못하다. 어느 것이나 전반적인 나의 경력 측면에서 발전하고 있는 이직이어야 한다. 즉, 이직에 대한 스토리가 있어야 한다.

이직은 장점과 단점을 다 수반한다. 자신이 어디에 가치를 더 두는지를 고민하면 된다. 내가 중요하게 생각하는 가치가 있다면 다른 것은 덜 중요한 것이 된다. 내 경우에는 23년 만에 한 첫 이직의 목적이 나의 성장이었다. 새로운 환경에서 나의 전문성을 기반으로 더 펼쳐나갈 일이 많을 것이라고 생각했다. 처음 경험하는 국내 대기업이었다. 생각대로 새로운 업무와 조직 문화를 경험했다. 나도 그 안에서 배우고 성과를 내고 성장해나갔다.

이직 후 전체 임원회의에서 자기소개하는 시간이 있었다. 나는 그때 말했다. "오늘로서 새로운 시작이다. 여기에서도 성공 히스토리를 써나가도록 노력하겠다." 그때의 심정이 그랬다. 완전히 새로운 시작이었다. 나는 내가 23년 동안 쌓아놓은 회사 안의 네트워크를 포기했다. 무엇이든지 새로 시작해야 했고 새로운 관계를 만들어나가야 했다. 이미 조직 안에서 그들끼리 수십 년 동안 관계를 맺고 있는 사람들과 비교할 수는 없었다. 애초부터 길이 달랐다. 공무원 조직과 대기업의 순혈주의와 그들만의 리그는 냉혹했다. 그들이 관계와 줄을 경쟁력으로 내세울 때 내가 내세울 수 있는 것은 실력과 소신이었다.

이직을 제의받거나 나에게 다른 포지션에 대한 제안이 왔다는 의미는 제안받은 일이 결코 쉬운 일이 아니라는 것을 먼저 알아차려야 한다. 편하고 좋은 일은 그 조직 안에서 사람을 찾지 굳이 조직 외부에서 사람을 찾지는 않는다. 대부분의 경우는 조직 안에 그 일을 할 만큼 역량이 되는 사람이 없어서 외부에서 사람을 찾아야 하는 것이다. 아니면, 리스크가 커서 그 조직에서는 아무도 그 일을 맡으려 하지 않는 경우이다. 조직이 급격히 성장하여 경력직 인력을 보강해야 할 경우라면 다를 수는 있겠다. 하지만 대부분의 경우 어디선가 이직 제안이 온다면 결코 편하고 좋은 일은 아닐 것이라는 것을 먼저 생각해야 한다. 내가 가진 역량으로 충분히 잘할 수 있는 일인지도 생각해야 한다.

내 경우도 정부 기관장에 대한 제안을 받은 시기는 그 기관이 치명적인 IT 장애로 인해 많은 일들이 일어났을 때였다. 그 사건은 전문성 있는 기관장을 찾는 계기가 되었고, 그로 인해 나한테까지 제안이 온 것이었다. 국내 대기업으로 이직을 했을 때, 이직 후 출근을 하고 보니 진행되고 있는 대형 프로젝트 대부분이 트러블 프로젝트였다. 장밋빛 환상은 없었다. 현실은 냉혹했다. 이러한 조직의 위기가 있었기에 나에게 새로운 기회가 열린 것이었다.

부작위편향Omission Bias이라는 개념이 있다. 우리가 어떤 행동을 할 것인지 말 것인지 결정을 할 때, 행동을 해서 얻는 손실과 행동을 하지 않아서 얻는 손실 중 행동을 하지 않아서 얻는 손실이 덜 해롭다고 생각하는 경향을 말한다. 이직의 경우도 마찬가지다. 이러한 부작위편향을 극복하고 최선의 선택을 하는 방법은 이직을 했을 때와 하지 않았을 때 일어날 일들을 자세히 기록해보는 것이 좋다. 그리고 어느 쪽이 더 큰 위험을 불러올지를 고민해보는 것이다.

기회는 항상 온다. 위기 속에서 더 많은 기회가 올 수 있다. 기회는 제대로 된 준비를 요구한다. 기회가 왔을 때 그 기회를 나의 것으로 만들기 위해서는 끊임없는 노력이 필요하다. 지금 당장 아무런 기회가 없을 것 같아서 포기하지는 말자. 그 대신 나를 성장시키기 위해 필요한 일을 하자. 전문성, 리더십, 커뮤니케이션은 직장 생활에서 가장 기본이 되고 중요한 역량이다. 세 가지 역량의 공통점은 하루아침에 이루어지는 것이 아니라는 것이다. 그러니 꾸준한 학습과 연습을 통해 나 자신을 성장시키려는 노력을 해야 한다. 이러한 역량이 쌓이면 나 자신에 대한 자신감은 자연히 표정에서 드러나게 마련이다.

나 자신이 성장하고 준비된 사람이 되는 것은 중요하다. 기회가 어떠한 형태로 오든 선택은 내 몫이다. 우리는 그 기회가 무엇을 의미하는지, 왜 나한테 그런 기회가 온 것인지 명확하게 파악해야 한다. 현실을 직시해야 한다. 그리고 그 일이 내가 중요하게 생각하는 가치에 부합되고 나의 성장에 도움이 된다면 결정을 해보는 것이 좋다. 우리가 무엇이든 결정을 했다면 그다음은 이제 전적으로 우리 몫이다. 우리는 최선을 다해 그 선택이 옳은 결정이었음을 증명해보이면 된다.

승진 그 자체가 목표가 아니다
중요한 것은 장기적인 나의 성장이다

직장인들에게 가장 큰 관심 중의 하나는 바로 승진일 것이다. 연봉이 상승하고 직급이 올라가는 것도 좋지만 무엇보다도 자신이 인정받았다는 사실이 매력적이다. 그런데 과연 승진이 직장인에게 그렇게나 중요한 가치일까? 열심히 일을 해서 나의 전문성과 성과가 쌓여가면 당연히 연봉 인상과 승진이 뒤따르게 되지만, 승진할 만큼 제대로 성장하지 못했는데 다른 이유로 승진을 하게 된다면 오히려 문제가 되는 것은 아닐까? 예를 들어 소위 말하는 사내 정치에 의해 연줄이 우선시되는 경우가 있다. 또 무관심한 리더들이 직원 개개인의 역량과 성과에 무심한 경우도 있다. 이 경우는 조직에서 자신을 드러내려고 노력하는 사람들이 더 쉽게 회사에서 승진하고 더 많은 연봉을 받기도 한다. 이런 일이 발생하면 누구나 포장되는 일만 열심히 할 뿐 정말로 중요한 일은 하려고 하지 않게 된다.

《무엇이 성과를 이끄는가》 저자들은 승진을 앞두고 두 명의 직원들이 경쟁을 하는 경우를 연구했다. 그 직원들은 쉽고 일의 위험성이 낮은 일, 다른 사람들에게 바쁘게 일하는 것처럼 보이는 일을 중요하게 생각했다. 창의성과 문제 해결 능력을 필요로 하는 일은 뒤로 미루었다. 승진을 위해 당장 성과가 날 수 있는 쉬운 일, 바쁘게 보이는 일을 우선한다는 것이다. 이 연구결과는 많은 생각을 하게 한다. 왜 이러한 결과가 나타나는 걸까? 조직에서의 평가 기준이 획일화되어 있기 때문이 아닐까? 조직에서 공정성을 확보하는 일은 상당히 중요하다. 《하버드 비즈니스 리뷰》의 연구결과에서는 조직의 탑 탤런트 Top Talent들이 가장 회사를 떠나고 싶은 경우로 상대적으로 공정하지 않은 처우를 예로 들었다.

승진이나 평가는 대상자뿐만 아니라 조직 내의 다른 직원들에게도 큰 영향을 끼친다. 조직 내에서 승진을 할 만한 사람이 승진을 했다고 인정을 하게 되는 경우라면 긍정적이다. 사람들은 좋은 방향으로 더 열심히 일하고 성과를 내기 위해 노력할 것이다. 하지만 반대의 경우라면 부정적인 효과가 나타난다. 조직의 의도가 왜곡되고 직원들은 그 왜곡된 의도를 따라 자신들의 방향을 맞추게 된다. 즉, 위에서 예로 든 연구에서처럼 성과 부풀리기나 열심히 일하는 것처럼 보이기가 만연해질 수 있다. 정작 본질적으로 중요하거나 어려운 일은 기피하게 된다. 승진과 평가는 리더의 조직 운영 방향에 대한 메시지가 된다. 이 메시지가 직원들에게 잘 전달되려면 제도적으로도 실행 측면에서도 많은 고민을 해야 한다.

승진은 능력과 성과에 따른 결과이어야 한다

승진의 의미는 조직마다 개인마다 다 다를 수 있다. 성과주의 인사제도를 채택하는 조직은 성과와 역량 중심의 승진을 실시한다. 역량이 있고 성과가 탁월한 직원들에게 승진이 돌아간다. 능력이 뛰어난 직원의 경우에는 몇 년을 훨씬 앞당겨서 승진하는 발탁 승진도 가능하다. 이런 조직에서의 승진은 연공 서열 제도에 비해 개인의 역량과 성과에 기인하는 바가 크다. 따라서 조직에서 개인의 성과를 인정한다는 의미로 받아들여진다.

연공 서열 제도가 의미하는 바는 연차를 기준으로 오래된 순서대로 승진을 한다는 것이다. 연공 서열 제도가 뿌리 깊은 관료주의 제도하에서 승진의 의미는 대부분의 경우 단순히 어느 정도 연차가 되었음을 의미한다. 특별히 개인의 역량이나 성과가 중요하지 않다. 그런데 이런 조직일수록 직원들의 승진에 대한 기대감과 열망이 크다. 오히려 성과주의 제도를 지향하는 조직에서는 승진보다 자신의 성장을 우선시하는 직원들이 늘어나고 있다.

어떤 인사제도를 운영하든지 간에 승진은 개인에게 상당히 중요한 일임에 틀림없다. 승진이 일하는 목적 자체인 직원들도 있다. 또 그 정도까지는 아니라 하더라도 승진만을 바라면서 일하는 것은 개인 입장에서 상당히 소모적이 된다. 경쟁자에 대해 불편한 마음도 생긴다. 이 모든 일은 스트레스를 유발한다. 승진하지 못하게 되었을 경우에는 더 많은 스트레스를 받게 된다. 내가 주어진 일을 열심히 하고 나의 능력을 키우면서 승진이 자연스럽게 뒤따르게 하는 것이 바람직하다.

혹시 승진으로 인해 스트레스를 받고 있다면 직장 상사에게 솔직히 말하는 것이 좋다. 가끔씩 승진 문제로 면담 신청을 하거나 메일을 보내오는 직원들이 있었다. 대체로 이번 인사에서 승진이 가능한지가 직원들이 궁금해하는 질문이었다. 면담을 하거나 메일을 받았다고 승진 심사의 결과가 뒤바뀌지는 않는다. 하지만 직원 입장에서는 면담을 통해 정확한 나의 포지션을 파악할 수 있다. 승진을 하지 못하게 되는 경우 이유를 알 수 있다. 나의 부족한 면을 채우고 준비를 할 수 있다. 알고 나면 스트레스는 조금 덜해지는 법이다.

승진보다 중요한 일에 대한 책임감 그리고 회사와 나의 성장

승진으로 업무가 바뀌는 경우라면 승진에 의해 바뀌게 될 나의 업무를 찬찬히 따져봐야 한다. 나의 경력 경로에 맞아 장기적인 성공에 도움이 되는지도 생각해봐야 한다. 나의 역할과 책임에 대해서도 파악해야 한다. 내가 가진 역량으로 일을 잘할 수 있는지도 고민해야 한다. 혹시라도 승진으로 내가 새로 맡게 되는 일에서 필요한 역량이 지금 부족한 부분이 있다면 빠르게 채우려는 노력도 필요하다. 승진하고 맡게 될 업무가 나와 회사에 도움이 되는지도 파악해야 한다. 만약 그렇지 않다고 생각된다면 무턱대고 높이 올라가는 것만이 능사는 아니다. 항상 본인이 조직에 공헌할 수 있는 바를 고민하고 나의 경력 경로를 명확히 설정해두는 것이 필요하다.

분명한 것은 일에서의 목표는 나 자신의 꾸준한 성장을 통해 장기적으로 성공하는 것이다. 이것은 하루하루를 우리가 어떻게 보내느냐에 따라 달려 있다. 장기적인 목표하에 단기적인 부분은 충분히 손해를 감수할 수도 있다. 나의 업무 영역이 확장되고 새로운 경험을 위해서라면 연봉이 줄어드는 이직도 할 수 있다. 또는 직장 안에서 소모적인 승진에 대한 거절도 할 수 있다. 이것은 프로로 일하는 직장인의 자신감의 표현이다.

내가 팀장으로 일할 때이다. 내가 맡고 있는 팀을 포함한 우리 회사 제안팀은 A고객사와 큰 규모의 장기 계약을 체결했다. 계약 이후 6개월 동안은 트랜지션 기간이다. 이 기간 동안 우리 회사와 고객사는 서로의 역할을 정의하고 관련 프로세스를 수립한다. 이 또한 내가 맡고 있는 팀의 일이다. 팀원 중의 한 명을 트랜지션 프로젝트 관리자로 선정했다. 팀장인 나는 트랜지션 프로젝트를 6개월 이내에 성공적으로 완료해야 하는 책임이 있었다. 프로젝트는 큰 이슈 없이 진행되고 있는 것처럼 보였다.

프로젝트 완료를 2개월쯤 남겨두고 있을 때였다. 해당 고객사에서 고객관리를 전담하는 담당 상무님으로부터 한 통의 전화를 받았다. 지금 진행 중인 프로젝트에 문제가 있다는 것이었다. 그로 인해 남은 기간 2개월 안에 프로젝트를 마무리할 수 없을 것 같다는 이야기였다. 특히 고객 불만이 심하다고 했다. 문제가 심각했다. 나는 자세한 상황 파악을 했다. 그리고 그날부터 고객사에서 상주했다. 고객 경영진 및 프로젝트 팀원들과 직접 대면하면서 프로젝트 완료 시점까지 전체 프로젝트를 이끌었다. 눈코 뜰 새 없이 바쁜 일정이었다.

그러던 어느 날 갑자기 회사 상사로부터 연락을 받았다. 임원 승진이 가능한 자리로의 부서 이동을 제안하는 내용이었다. 나는 상사에게 현재 진행하고 있는 프로젝트의 심각성과 문제점을 설명했다. 그리고 지금 당장 내가 빠지기 어렵다는 이야기도 했다. 제안하신 포지션은 제가 적임자가 아닌 것 같다는 이야기도 함께였다. 내가 제안받은 일은 대형고객사를 전담하여 그 고객사의 전체 IT시스템 운영을 총괄하는 일이었다. 며칠 뒤 다시 상사에게서 연락이 왔다. 대표님이 나의 프로파일을 해당 고객사에 전달해서 어쩔 도리가 없는 상황이다. 그러니 일단 고객을 만나라는 요청이었다. 나를 포함해서 두 명의 프로파일이 고객에게 전달되었다고 했다. 고객과의 면담을 통해 고객이 직접 같이 일할 파트너를 선정할 것이라는 이야기였다.

회사와 고객과의 약속은 중요하다. 이미 약속된 일정에 따라 나는 고객사 임원과 면담을 하게 되었다. 고객은 나의 프로파일에 대해 매우 흡족해하셨다. 나의 프로파일을 보고 우리 회사가 그 고객사를 얼마나 중요하게 생각하고 있는지를 알게 되었다고 말했다. 나는 어쩔 수 없이 그분에게 사실대로 말씀드릴 수밖에 없었다. "지금 회사에서 맡고 있는 프로젝트가 매우 심각한 상황이라 제가 새로운 일을 맡기가 어렵습니다. 그러니 고객께서 저 아닌 다른 후보자를 선택해주시면 감사하겠습니다." 그분은 나의 요청을 받아들여 주셨다.

나중에 이 일이 회사에 알려지게 되었다. 나의 주변분들은 승진은 기회 있을 때 일단 하고 보는 게 맞는데 왜 그런 바보 같은 결정을 했는지 하나같이 모르겠다는 반응이었다. 나와 같이 고객 임원과 면담을 했던 다른 직원은 그 일을 맡으면서 바로 임원 승진을 했다. 나는 그로부터 1년이 더 지나서야 임원 승진을 할 수 있었다. 하지만 후회는 없었다. 내가 꼭 마무리하려고 했던 프로젝트는 2개월 후 성공적으로 완료되었다. 최상의 고객만족도 점수까지 얻게 되었다. 프로젝트를 성공적으로 마무리하고 완료 보고회를 하는 자리는 너무도 감격스러웠다.

내가 임원 승진을 할 가능성이 있는 상황에서 이를 거절한 것은 세 가지 이유가 있었다. 첫 번째는 맡고 있던 일에 대한 책임감 때문이었다. 두 번째는 나와 회사의 성장에 더 도움이 되는 일을 하고 싶었다. 세 번째는 꼭 지금 승진을 하지 않아도 향후에 하면 된다는 자신감도 있었다. 나에게 빠른 승진은 그리 중요하지 않았다. 내가 일을 하면서 지속적으로 필요한 역량을 확보해나가는 것, 그리고 그 실력을 바탕으로 일의 결과를 만드는 것이 더 중요했다. 오랜 시간 그런 생각을 가지고 자신 있게 일을 하다 보니 선택권은 어느새 나한테 있는 것 같았다. 그것이 승진이라 할지라도.

전문가는 그 일만 잘할 것이라는 회사의 오해

회사가 갖는 전문가에 대한 편견이 있다. 대표적인 것이 그 일만 잘하는 사람으로 생각하는 것이다. 그래서 오히려 기회를 더 잃게 되는 일이 발생한다. 사실, 하나를 잘하면 다른 것도 잘할 가능성이 크다. 한 분야의 전문가가 되었다는 것은 끊임없는 노력이 없이는 불가능하다. 이러한 노력은 다른 어느 일에서도 발현될 가능성이 크다. 한 분야의 전문가가 되었다는 것은 일하는 방법을 아는 것이다. 어떻게 하면 성공을 이룰 수 있는지 말이다. 이것은 다른 분야에서도 같은 방식으로 성공할 수 있다는 이야기이다. 하지만 대체로 사람들은 이를 간과한다. 물론 혼자 일하는 것에는 성과를 내지만 팀을 이끄는 일은 어려워하는 사람들도 있다. 이는 개인적인 성향의 문제이지 전문가이기 때문에 그런 것은 아니다. 제너럴리스트들 중에도 팀을 이끄는 것을 어려워하는 사람도 있다.

한 직원이 있었다. 그는 데이터베이스Database 분야에서 독보적인 존재였다. 데이터베이스에 대한 튜닝과 문제 해결에서 그의 손을 거치지 않는 일은 없었다. 그 당시 실력 있는 DBADataBase Administrator의 몸값은 천정부지였다. 많은 직원들이 높은 연봉을 받고 이직할 때도 꿋꿋이 자리를 지킨 이유가 궁금했다. 일대일 면담을 통해 그 직원과 많은 대화를 나누었다. 본인의 직장경로, 커리어 히스토리, 전문성에 대해 그리고 조직에 대해 생각하는 바를 허심탄회하게 나누었다. 경력 희망에 대해서 앞으로는 어떤 일을 하고 싶은지도 물었다. 팀장이 되어 인사 관리자 역할을 해보는 것은 어떤지 물어보았다. 그는 생각해보겠다고 했다.

며칠 뒤 그 직원으로부터 면담 신청이 왔다. 며칠 동안 많은 고민을 한 듯했다. 팀장 역할을 해보고 싶다고 했다. 그는 며칠 동안 본인의 커리어에 대해 신중하게 고민했고 그렇게 결정한 이유를 이야기해주었다. 나는 그의 결정을 신뢰했다. 이제 그 직원을 팀장 풀에 넣어야 했다. 그리고 팀장이 되기 위한 각종 교육과 영어 면접도 치르게 해야 했다. 그런데 직원을 팀장 풀에 넣는 과정에서 문제가 생겼다. 나의 상사가 반대를 하고 나섰다.

"그 직원이 팀장이 되면 누가 DB에 문제가 생길 때 이를 해결해요? 계속 전문가로 일하게 두어야 합니다. 그 직원은 전문가로 일을 해야지 팀장으로서는 아니에요."

내 생각은 많이 달랐다. 전문성이 중요한 조직에서 팀장은 전문성이 있어야 한다. 그래야 전문가들의 마음을 읽고 그들의 힘든 점과 바라는 점을 잘 알아낼 수 있다. 또 육성도 잘할 수 있다. 팀장이라고 기술적인 문제가 생겼을 때 뛰어가서 문제 해결을 하지 못하라는 법도 없다. 나는 임원임에도 문제가 생겼을 때 뛰어가서 문제 해결을 돕고 있지 않은가. 전문가 집단에서는 전문성이 뛰어난 선배들이 더 잘되는 성공 스토리도 필요하다. 조직에서 지금 당장 편한 것만 생각해서 가능성 있는 직원의 앞길을 막을 수는 없다. 단지 그가 너무나 훌륭한 전문가라서, 대체 가능한 직원이 없어서라는 이유는 말도 안 되는 것이다. 그것은 조직의 리더들이 해결해야 할 문제를 직원에게 떠넘기는 것이다. 그것은 리더들의 직무유기다.

갖은 방법으로 나의 상사를 설득시켜 그 직원을 팀장 풀에 넣는 데까지 3개월이 걸렸다. 그는 DB팀의 팀장이 되었다. 전문성이 필요한 조직에서 전문성을 가진 팀장으로 역할을 잘 수행했다. 그의 코칭으로 전문성 있는 후배들을 많이 길러냈다. 그는 팀장으로 인사 관리자 역할을 하면서 더 많은 성장을 했다. 지금은 후배들을 잘 키우고 폭넓은 시야를 가진 훌륭한 임원이 되어 있다. 그는 지금도 여전히 자리를 지키고 있다.

승진에 대해 갖는 의미는 조직마다 개인마다 다르다. 불확실성의 시대에서 개인의 전문성과 역량은 그 어느 때보다 더 중요해지고 있다. 일에서의 성공은 빠르게 결론이 나는 성질의 것이 아니다. 오히려 오랜 기간 하루하루 경험과 지식을 쌓아가는 과정이 필요하다. 우리의 목표는 지속적인 성장이고 이를 바탕으로 한 장기적인 성공이다. 승진이 주는 의미를 너무 확대 해석할 일은 아니다. 승진 그 자체가 목적이 아닌, 우리가 직장에서 겪는 과정 중의 하나로 인식하는 것이 필요하다.

성장 가능성에 도전한
23년 만의 첫 이직

첫 직장에서 아주 오랫동안 일했다. 23년 2개월이라는 시간이었다. 우연한 기회에 국내 대기업으로 이직을 하게 되었다. 이직을 하려는 의도를 일찍부터 갖고 있었던 것은 아니었다. 이전에도 국내 회사와 글로벌 회사로부터 여러 번 이직 제안을 받았지만 실행은 하지 못했다. 그런데 갑자기 잘 모르는 외부 헤드헌터에게 연락을 받았고 이직에 응하게 되었다. 이직은 나의 업무 영역이 달라지고 조직 문화가 달라지고 사람들이 달라지는 온전히 새로운 경험이었다. 아래는 이직 후 여성임원모임인 WIN Women In Innovation에서 진행한 인터뷰 내용이다. 이직에 대한 나의 생각, 새로운 조직에서의 나의 시작이 잘 정리되어 있어서 여기에 옮겨 신는다.

안주하기보다 성장 가능성에 도전하다

Q 직장 생활 23년 만에 처음 회사를 옮겼는데, 어떤 이유로 이직을 결심했는지 궁금합니다.

작년 연말에 헤드헌터가 갑자기 연락을 해왔어요. 제가 가진 능력으로 충분히 두각을 나타낼 수 있는 자리가 있다고 이직을 권유했어요. SK텔레콤(이하 SKT)에서 뽑는 포지션이 제가 IBM에서 15년 이상 한 일이고 통신도 잘할 수 있는 분야라고 판단했습니다. IBM에서는 조직이 바뀌어도 얼마 지나지 않아 그 일이 그 일 같고 쳇바퀴 도는 게 아닌가 싶을 때였죠. 변화가 필요해 옮기기로 결심했어요. 이직 결정에 가장 크게 작용한 건 성장 가능성이었어요. 사실, IBM에서는 이미 검증을 받은 상태이고, 로드맵이 있는 상태였으니까 이직은 불확실한 세계로 뛰어든 거였죠. 그런데 IBM에서 3년 더 근무했을 때랑 SKT에서의 3년을 그려봤더니 국내 회사로 옮겨 다양한 경험을 하면서 제가 얼마나 실력을 발휘하고 성장할지 그리고 새로운 환경에 어떻게 적응을 하면서 성과를 만들어낼지 궁금해졌습니다.

Q 흔히 나이가 들고 연차가 올라갈수록 이직을 주저하게 되는데 반대였군요.

저는 오히려 나이 드니까 많이 재지를 않게 되더라고요. 전 직장 동료들이 저를 신기해하며 "진짜 용감하다"라고 하더군요. 거기서는 인정받고 어떻게 보면 쉽게 갈 수 있는데 여기서는 이제 시작이죠. 처음부터 기득권, 저에 대한 이미지를 다 버리고 왔으니 하나하나 다시 쌓아가야 하죠. 한번 해볼 만하다고 생각합니다. 제 능력이 어디까지인지 시험해보고 싶었습니다. 안주하기보다 새로운 도전을 온몸으로 겪어보겠다 생각하고 옮겼고 지금 그 도전을 기꺼이 하나씩 받고 있습니다. 이직을 고민하는 이유는 저마다 다를 텐데 왜 이직을 생각하는지 자문해봐야 합니다. 뚜렷한 목표가 있다면 옮겨볼 만하지만 지금 이 조직이 싫어서라는 이유로 이직한다면 성공하기 어렵습니다.

Q SKT가 임원으로 영입한 이유는 무엇이라고 보나요?

업무능력과 커뮤니케이션 그리고 조직을 이끄는 리더십, 이 세가지 역량이 아닐까요? 헤드헌터한테한테 들은 이야기인데 평판도 아주 좋았다고 합니다.

Q 이직 후 직접 겪어보니 어떻습니까? 그리고 짧은 기간 이룬 성과는 무엇인가요?

기대한 대로 많이 배우고 있고 많이 다르다는 것도 느낍니다. 기업 문화도 다르고, 생각하는 방식, 회의 문화, 일하는 방식, 프로세스가 다 다르죠. IBM은 글로벌 회사이고 중요한 결정이 미국 헤드쿼터에서 이뤄지는데 SKT는 여기가 헤드쿼터라 일의 범위나 스펙트럼이 더 넓고 사업성이나 M&A 등에 대한 지식, 시장에 대한 인사이트가 더 많이 요구됩니다. 옮겨 와서 1개월 이후 조직개편을 했습니다. 100여 명의 직원들과 일대일 면담을 하고 그들의 역량이나 경험을 파악하고 제 조직의 미션과 직원들의 현황에 맞춰 조직을 정비했어요. 팀을 몇 개 만들고 세일즈 리딩할 수 있는 기능 등도 추가했고요. 기업을 대상으로 하는 솔루션 사업이 주 업무라 관련 프로세스를 셋업했고, 리스크 매니지먼트나 워크 프로세스를 B2B에 맞게 만들어 작동시켰습니다. 마음으로는 한 1년 이상 근무한 것 같네요. 몇 개 TF팀을 만들어서 직원들의 역량 향상 프로그램을 만들고 커리큘럼을 짰고요. SKT 전체에 산재된 솔루션들을 다 모아 정리하고 솔루션 프레임워크를 만드는 작업도 시작했습니다.

Q 여러 가지 일을 진행하는 과정에서 겪은 어려움이나 고민은 없었나요?

제가 이직하고 나서 아직까지 후회는 별로 안 했어요. 이직 경험이 있는 남편은 옮기고 나면 떠나온 회사가 그리워지고 좋은 것만 기억이 난다고 하던데 전 기억력이 좋아서 그런 건지 안 그렇던걸요. 성장 가능성이라는 목표가 분명했기 때문이라고 봅니다. 지금 충분히 많은 것을 배우고 있고 새로운 일에 도전하고 있으니까요. 머릿속에 단계별로 진행해야 할 일에 대한 그림이 그려져 있는데 한 단계씩 차분히 가고 있습니다. 다만 직원들과 같이 가야 하니까, 잘 따라오는지 점검하면서 완급조절이 필요합니다.

Q 현재 SKT에 여자 임원이 4명입니다. 직원들이 여자 임원을 처음 대하는 경우가 많겠군요.

SKT에 여자 임원이 4명이 된 것도 올해 일입니다. 작년까지 한 명이었다가 연말에 한 명, 올해 두 명 더 늘었어요. 당연히 여자 임원과 같이 일해본 경험이 드물겠지만 그렇다고 특별히 저를 생소해하는 건 못 느낍니다. 직원들이 그런 얘기는 하더군요, "술도 세고, 일도 세고, 흐트러짐도 없다"라고요. 제가 술을 좋아하지 않지만 약하지도 않아 많이 마셔도 말짱하게 집에 갑니다. 직원들과 소통하기 위해 점심, 저녁으로 회식도 종종 하고 있습니다.

소통하는 리더, 진심은 통한다

Q 어떤 리더인가요? 따뜻하고 자상한 편인가요, 아니면 성과 중심인가요?

일에 있어서는 성과 위주로 단호하고 철저해 무섭다는 이야기를 많이 듣습니다. 하지만 일을 떠나서는 직원들과 소통하려고 노력합니다. 조직이 성과를 극대화하기 위해서는 조직 문화가 중요하고 직원 개개인을 잘 알아야 합니다. 무엇보다 행복하게 일하면서 성과를 내는 것이 중요하다고 보고 그런 면에서 직원들이 느끼는 점을 알고 싶어 대화를 많이 하려고 해요. 리더십이라는 것이 한 가지 모습으로 고착되는 건 아니라고 봅니다. 조직이 처한 상황에 따라, 조직의 목표 정도, 직원의 레벨이며 성숙도, 도덕성 등에 따라 리더십은 달라야 해요. 경우에 따라서는 강하게 일 중심으로, 또 어떤 경우에는 사람 중심으로, 밸런싱과 유연성이 필요합니다.

Q 100여 명이 넘는 직원들과 일대일 면담을 했는데 반응이 어땠나요?

깜짝 놀랐다고 하더군요. 사실 그전까지 본부장 얼굴을 5분 이상 본 적이 없대요. 직원들이 제가 1시간씩 일대일 면담을 하는데 대해 굉장히 놀라워했습니다. 그런데 그게 원래 제 스타일입니다. 그렇게 해서 직원들이 하는 일이나 보유 스킬, 경험, 성향, 관심사 등을 파악하지 않으면 리더로서 그림을 그릴 수 없으니까요. 어떨 때 직원이 행복을 느끼고 성과를 내는지도 알고 싶고요. 뭔가 새로운 일을 하고 싶은데 같은 일만 오랫동안 하고 있는 직원은 행복하지 않습니다. 그런 직원에게는 TF팀을 맡기는 식으로 리더가 배려할 수 있고 이를 통해 리더는 조직의 성과를 끌어낼 수 있습니다. 조직을 맡으면 일대일 면담부터 시작하는 이유가 여기 있어요.

Q 일대일 면담의 노하우가 있나요?

아닙니다, 저도 하면서 많이 발전했어요. 처음 할 때는 말이 딱딱 끊어지면 다음 질문은 뭘 할까 싶었어요. 그럼 터놓고 말했습니다. "이 자리는 서로를 알아가는 과정이니 얘기를 많이 해주면 좋겠다"라고요. 요즘은 효과를 높이기 위해 직원 개개인에 대한 데이터를 준비합니다. 팀별로 직원 이름과 전문 분야, 경험을 적고, 면담 과정에서 나눈 얘기도 기록해둡니다. 이렇게 더해가다 보면 TF팀 멤버를 뽑거나 특정 업무를 배정할 때, 스킬과 흥미, 향후 커리어를 고려해서 적합한 직원을 쉽게 선택할 수 있고, 평가할 때도 유용하게 사용할 수 있습니다. 직원들의 생각을 들으면서 배우기도 하니 윈-윈이죠.

Q 상사 앞에서 아랫사람이 솔직한 얘기를 하기 쉽지 않은데 어떻게 분위기를 유도했나요?

이전 회사에서도 그랬고, 지금 회사에서도, 처음 비서를 통해 면담 시간을 잡을 때는 다들 1시간이나 무슨 얘기를 하냐며 궁금해했어요. 그런데 막상 하면 1시간을 훌쩍 넘어 3시간 넘게 얘기한 경우도 있어요. 어떤 얘기를 할지 미리 그려놓고 하는 건 아니고 그 상황에서 직원에게 귀 기울여주고, 가장 좋은 조언이 될 수 있게 얘기합니다. 그렇다고 회사 입장에서만 말하는 건 아니에요. 직원이 커리어나 이직에 대해 고민한다면 회사 상사로서뿐만 아니라 제가 그 직원의 가족이라면, 선배라면 이런 식으로 가정해 스스럼없이 말해줍니다. 그 직원이 후에 인생 전반을 돌아보며 "아 그때 이런 상담이 정말 좋았어"라고 할 수 있게 인생에 도움이 되는 방향으로 하려고 해요. 직원들은 느끼는 것 같아요. 제가 단지 회사의 상사로서 상사 입장에서만 하는 이야기인지, 아니면 인생 전반을 놓고 진정성 있게 걱정해서 하는 이야기인지 말이죠. 진심은 통한다고 믿습니다. 상대방이 아는 데까지 시간은 걸릴 수 있겠지만.

Q 존경받는 리더가 되고 싶다고 했습니다. 존경이란 포괄적인 단어인데요.

일에 있어서뿐만 아니라 인간적인 측면, 전체 생활에서 존경받는 리더이고 싶습니다. "아 저 사람은 모든 면에서, 일이든 인생이든 존경할 만한 삶을 살고 있고, 그 삶을 배우고 싶다"라는 얘기를 듣고 싶어요. 일에서만의 성공은 반쪽 성공이라고 생각해요. 인생에서의 성공도 같이 가야 합니다. 두 가지 면에서 모두 존경받는 리더가 되고 싶습니다.

Q 큰 조직을 끌어가는 리더십은 경험에서 쌓이기도 합니다. 여성들의 경우 이런 경험을 하기 쉽지 않습니다.

현재 맡고 있는 조직 규모가 전과 크게 다르지 않아 특별히 어렵지는 않습니다. 제가 워낙 피플 매니지먼트와 조직 관리 분야를 좋아해 공부도 많이 했고요. 2007년에 전문가 트랙에서 매니지먼트 트랙으로 바꾸면서 리더가 어떻게 하느냐에 따라 팀원들에게 동기부여가 되기도 하고 오히려 업무 능력이 저하될 수도 있다는 점을 많이 고민하게 됐습니다. 제가 직원이었을 때 느낀 것들이고 나중에 리더가 되면 이렇게 해야겠다 생각도 많았고요.

Q 정말 맞지 않는 직원이 있을 때는 어떻게 했나요?

저는 조직에서 리더의 가장 기본적 덕목은 공평한 처우라고 생각합니다. 제가 이야기하는 공평한 처우는, 모든 직원을 똑같이 대하는 것이 아니라, 직원의 성과와 역량, 태도에 따라 차등을 두는 것을 의미합니다. 그래서 성과관리가 무엇보다 중요합니다. 자세에 문제가 있다면 명확하게 경고를 해야 합니다. 그래야 일을 잘하는 직원들에게 동기부여가 되고 다른 직원들도 제대로 평가를 받을 수 있습니다. 고민이 있을 때는 들어주지만 직원들을 달래거나 하진 않아요. 일례로 전 직장에 다닐 때 태도가 별로 좋지 않은 한 직원이 본인 급여가 작다고 팀장에게 "월급을 올려주지 않으면 나가겠다"라고 말했다는 것을 듣고, 제가 팀장에게 "나가라고 하세요" 그랬습니다. 조직에서 부정적인 영향을 주는 직원들을 달래가면서 일할 시간은 없습니다. 또 나머지 직원들에게 좋지 않은 영향을 미치고요. "이 직원이 나가면 당장 공백이 생긴다고 월급을 올려주는 순간 열심히 일하는 다섯 명의 직원이 나갈 겁니다." 제 생각이 이

랬습니다.

Q 리더가 결정하는 방향대로 반드시 결과가 나오지는 않는데요. 어떤 방법이 있을까요?

제 경우 목표에 대해 항상 공유합니다. 새로운 조직을 맡으면 임무나 목표, 현재 처한 도전이나 위기 등을 규정하고 직원들과 공유합니다. 어떤 단위든 조직원들의 공감대를 바탕으로 목표를 설정하는 데서 출발하니 되더군요. 목표에 도달하기 위해 실행 안을 세운 뒤에는 반드시 끝까지 갑니다. 결과가 기대에 못 미치면 왜 그럴까 정리해서 다음에 반영하고요. 실패하든 성공하든 꼭 뭔가 남게 합니다.

Q 대기업 여성 임원이라는, 사회적으로 주목받는 자리에 올랐습니다. 이 자리에서 후배들에게 해주고 싶은 조언은 무엇인가요?

항상 열정을 간직하세요. 인생에서 성공하는 사람은 하루 만에, 한달 만에 꺼지는 열정이 아니라 30년 동안 지속되는 열정을 가진 사람입니다. 그 열정이 사람을 빛나게도 해주죠. 표정만 봐도 그래요, '저 사람과 일하면 정말 열심히 할 것 같아.' 이런 기가 느껴진다고 할까요. 그리고 짧게 보면 일이 안 풀린다던가, 내가 부당한 취급을 받고 있다거나 비전이 안 보인다거나 할 수 있는데 길게 봤으면 합니다. 긴 호흡을 하면서 항상 깨어 있으면 어떤 일을 하든 분명히 배우는 것이 있습니다. 제 경우 어떤 일을 맡으면 일에 대한 목표와 개인적인 목표를 연결시키는 방법을 썼는데 그러면 늘 일이 즐겁고, 내가 성장하고 있구나 하는 생각이 들었습니다.

Q 일에서 얻은 목표와 개인적 목표를 연결시킨다? 구체적인 사례가 궁금합니다.

예를 들면, 2010년 제 일의 목표는 주로 CIO 이상 고객들을 만나 회사의 가치를 파는 것이었습니다. 개인적으로는 CIO, CXO들이 고민하는 부분과 우리 고객들에 대해 학습하겠다는 목표를 세웠습니다. 나를 성장시켜 상위 경영진들이 갖는 시각을 가져보겠다는 것이 개인적 목표였어요. 그래서 외부 포럼도 듣고 정보도 찾으면서 개인적으로도 성장하게 됐고 일이 더 즐거워졌습니다.

Q 임원이 되겠다는 구체적 목표가 있었나요?

승진에 대한 목표가 있었던 건 아닙니다. 다만 신입사원 때부터 '어떤 사람이 되어야겠다'라는 목표가 있었습니다. 제 몫을 다하는 사람, 프라이드를 가질 만큼 일을 잘하는 사람이고 싶었어요. 이를 통해 다른 사람에게 도움이 되고 조직에서 정말 필요로 하는 사람이 목표였지 상무, 전무가 돼야지 이런 목표는 한 번도 세워보지 않았습니다. 자기 일을 열심히 하고 하루하루 성장하다 보면 승진은 따라오는 것 같습니다. 그런 생각은 해본 적이 있어요. 제가 17

년간 엔지니어로 재미있게 일하다가 회사의 제안으로 매니지먼트 쪽으로 커리어를 바꾸고 보니 또 다른 재미가 많았습니다. 엔지니어였을 때는 소속된 TF에서 그 기간만 변화시킬 수 있었는데 팀장급으로 올라가 조직을 갖게 되니 제 결정에 대해 실행 속도가 굉장히 빨라졌어요. 20명, 30명이 그 방향에 따라 같이 움직이니까요. 그때 느꼈습니다. '실행 속도가 빨라진다는 것, 이게 파워구나. 이게 조직에서 올라가고자 하는 원동력이 아닐까.' 나도 이렇게 재미있는데 우리 사장님은 얼마나 재미있을까 그런 생각이 들더군요.

Q '일'이란 어떤 의미인가요?

내 인생에서 그것 빼고는 생각할 수 없는 것? 사실 일을 쉬어본 적이 없어요. 이직하면서도 전 직장에서 금요일 밤까지 일하고 월요일에 새 직장으로 바로 출근했으니까요. 애 둘 낳으면서 딱 두 달씩 산후 휴가 간 것이 전부인데 그때도 되게 지루하던 걸요.

Q 워커홀릭의 면모가 느껴집니다.

워크 앤 라이프 밸런스를 얘기하는데 저는 의도적으로 일과 생활을 분리하지는 않아요. 밸런스를 지켜야 한다는 생각이 더 스트레스 같아요. 생활 속에서도 자꾸 일 생각을 하게 돼요. 주말에 쉬면서도 생각을 멈추기 어렵고요. 찜찜하면 노트북 꺼내서 일하고 아이디어가 떠오르면 그때그때 정리합니다. 생각이 흐르는 대로 해요. 사람마다 자기 성향이 있잖아요. 워크와 라이프를 칼로 무 자르듯 자를 수 있는 사람은 주말에 일을 떠나 재충전하면 될 것이고. 저 같은 스타일은 그렇게 자르는 게 오히려 스트레스인 것 같아요.

Q 워킹맘의 피해갈 수 없는 고민이 '엄마의 빈자리'인데 기억나는 일이 있나요?

친정어머니가 아이들을 봐주셨는데 할머니가 있어도, 또 양보다 질이라고 위안해도 엄마의 빈자리는 있습니다. 큰애가 중학교 1학년 때 백일장에서 1등 한 글이 〈나의 어머니〉였는데 첫 구절이 '학교를 마치고 대문을 박차고 뛰어 들어와서 불러보고 싶은 말, 어머니' 그렇게 시작해 친구 집에서 친구 엄마가 숙제 봐주고 빵도 구워주는 게 부러웠다는 얘기, 학교에서 칭찬받거나 혼났을 때 나도 엄마가 필요했고, 엄마가 회사에서 늦게 들어올 때는 무척 외로웠다는 얘기들을 썼고 '그렇지만 나는 안다, 엄마가 날 얼마나 사랑하는지'라고 적었어요. 짠했지만 마음을 강하게 먹었습니다. 어차피 우리 애들이 겪을 인생도 그리 녹록하지 않을 텐데 그걸 경험하고 극복해가는 과정이라고 생각했어요.

Q 그럴 때 일을 그만둘까 고민했나요?

아니오, 전 명확했습니다. 그로 인해 일을 쉬어야 한다든가 이런 생각은 안 했어요. 제가 저를 아니까. 일을 그만둔다면 제가 행복하지 않을 테고 그러면 가족에게도 도움이 안 되니까. 아이들에게 큰 문제가 생겨서 선택을 해야 했다면, 흔들렸을지 모르는데 잠깐씩 엄마의 빈자리를 그리워하는 건 극복할 수 있다고 생각했습니다.

Q 직장에 다니면서 방송통신대에서 유아교육 공부를 했습니다. 어떤 계기가 있었나요?

둘째 아이가 한쪽 신장에 이상이 있는 상태로 태어나 태어나자마자 수술을 받아야 했고 그런 영향 때문인지 어릴 때 다른 아이들과 잘 어울리지 못했어요. 그래서 유아교육책도 보고 공부까지 하게 됐고 특히 유아기 아이들을 어떻게 키우는가가 매우 중요하다는 것을 깨달았습니다. 유아교육을 공부한 것은 인생 전반에 정말 도움이 많이 됩니다. 예를 들면, 애 키우는 것뿐만 아니라 직원들 멘토링할 때도 유용해요. 사람은 누구나 존중받고 싶어 하고 자기감정이 있기 때문이죠. 아이에게 화를 내기 전에 I-메시지라고, "네가 이런 행동을 하니까 엄마가 이렇게 느껴지는구나"라고 제가 느끼는 감정을 얘기함으로써, 무턱대고 아이를 비난하지 않을 수 있게 됩니다. 내 감정을 앞세우기보다 직원들 말을 먼저 듣게 되고요.

Part
3

일과 삶이
조화를 이루는
자기 관리

나는 진정한 워크 라이프 밸런스가 가지는 의미를 세 가지로 해석한다. 첫째, 일과 개인 생활, 둘 중 하나를 선택해야 하는 관점이 아니라 통합의 관점에서 바라보아야 한다. 둘째, 일과 개인 생활은 서로 영향을 주고받는다. 일과 개인 생활 두 가지가 모두 만족스러워야 삶의 질이 높아진다. 셋째, 일과 개인 생활을 명확하게 구분 지을 수는 없다. 휴식이라고 해서 반드시 일에 대해 모든 것을 다 꺼버려야 진정한 휴식인 것은 아니다. 나만의 휴식 스타일을 찾는 것이 중요하다.

몰입

즐거움과 행복을 얻는 방법

통과할 수 없었던 시험을
통과할 수 있었던 힘

　명실상부한 세계 최강인 우리 양궁 국가대표팀의 훈련 중 하나가 화제가 된 적이 있다. 관객이 가득 찬 야구장에서 커다란 함성 소리를 들으며 묵묵히 활시위를 당기고 있는 모습이었다. 어떠한 극한 조건에도 과녁에만 집중하는 힘을 기른 덕분에, 아무리 한국의 독주를 막으려고 경기 방식을 바꿔도 우리 선수들의 질주를 저지할 수 없었다. 이것이 바로 몰입의 힘이다.

　나에게 주어진 모든 시간을 한 가지 문제에 쏟아부어 생각하고, 생각하고 또 생각하면서 그 문제를 해결하는 것에 집중한다. 나의 두뇌는 그 문제를 해결하기 위해 모든 능력을 동원하게 된다. 그리고 몰입 상태에 도달하게 된다. 이렇게 몰입 상태를 유지하면서 두뇌 활동은 극대화되고 해결할 수 없었던 문제에 대한 아이디어가 떠오른다. 평소라면 쉽게 생각할 수 없는 아이디어들이다. 문제와 관련된 수많은 정보들을 뇌에서 동시에 분석할 수 있고 문제 해결력이 상승한다.

절박한 심정으로 한 가지 목표만을 생각하면서 문제를 해결하다

2000년 12월, 나는 동경행 비행기 안에 앉아 있었다. 동경까지는 세 시간이 채 안 되는 그리 길지 않은 비행시간이었다. 비행시간 내내 나는 머릿속에서 3일 후 돌아오는 비행기 안에 앉아 있는 나의 모습을 의식적으로 그렸다. 내일부터 치르게 되는 이틀 동안의 실기 시험을 잘 통과하여 매우 기쁘고 안도하면서 비행기 안에 앉아 있을 나의 모습이었다. 눈을 감고 이런 나의 모습을 상상해보았다. 이번 시험을 합격함으로써 회사는 파트너십을 위한 요건이 충족될 것이고, 내 개인적으로는 더 이상 고생스러운 시험은 없다는 굳은 결심도 하면서 말이다.

생각해보면 지난 1년 동안, 나는 이 시험을 위해 밤낮으로 많은 준비를 했다. 지난 1년 동안 고생스러웠던 순간들이 주마등처럼 스쳐지나갔다. 전적으로 시험 준비에만 매달릴 수는 없었다. 대형 프로젝트 관리자를 맡아서 낮에는 고객사가 있는 소하리에서 일을 했다. 오후 6시 이후에는 고객사에서 퇴근을 하여 다시 회사로 출근했다. 회사에 실전을 연습할 수 있는 장비들이 있어서 회사 랩Lab실에서 새벽까지

실습을 했다. 그리고 새벽 5시가 되면 두 번째 퇴근을 해 집으로 갈수 있었다. 지난가을부터 연말까지 계속 그런 일정으로 지내왔다.

호텔 근처 공항버스 정류장에서 내려 호텔로 향하는 동경의 길거리는 크리스마스를 며칠 앞두고 축제 분위기였다. 대형 트리와 크리스마스 캐롤 소리에 둘러싸였지만 나의 눈과 귀에는 아무것도 들어오지 않았다. 다음날부터 이틀 동안 치러야 할 그리고 꼭 합격해야 할 자격증 실기 시험 생각이 내 머리를 지배하고 있었다. 이틀 후 시험이 끝나고 나는 어떤 마음으로 이 거리에 다시 서게 될 것인지 두려움이 전혀 없지는 않았지만, 시험을 통과하고 아주 홀가분하고 기쁜 마음의 나를 상상했다.

이번에 내가 꼭 합격해야 하는 실기 시험은 국내에서는 개설되어있지 않은 시험이었다. 시험을 치를 수 있는 나라 중 일본이 가장 가까운 나라였다. 난이도가 무척 어려운 시험으로 짧은 시간에 다양하고 복합적인 기술을 요구했다. 합격률도 높지 않았다. 그래서인지 이 자격증을 보유하면 업계에서는 최고의 연봉이 보장되고 있었다. 회사의 비즈니스를 위해서는 며칠 남지 않은 연말까지 이 자격증을 취득해야만 하는 책임감이 있었다. 사실상 이번이 마지막 기회였다.

그즈음 친정아버지가 수술 후 한 달 이상 병원에 입원 중이시라 아이들을 돌봐주는 친정어머니도 병원을 왔다 갔다 하시는 형편이었다. 어쩔 수 없이 이번 출장을 위해 5살, 3살의 두 아이들은 시댁에 맡겨놓았다. 개인적인 상황도 회사의 비즈니스 상황도 여기서 더 이상 물러설 상황이 아니었다. 나는 동경행 비행기 안에서부터 꼭 합격해서, 서울로 다시 돌아오는 비행기 안에서는 기쁜 모습으로 좌석에 앉아 있으리라 다짐하고 또 다짐했다. 그리고 시험에만 모든 정신을 쏟았다.

첫날 시험은 아침 9시부터 시작하여 저녁 7시가 넘어서 끝났다. 시험이 끝나고 어떻게 호텔까지 돌아왔는지 기억도 할 수 없었다. 그 하루를 나는 나의 모든 에너지를 시험 하나에 다 쏟았고, 합격하겠다는 굳은 의지로 시험에 엄청난 몰입을 했었다. 호텔에 돌아와 서울에서 기다리고 있을 회사 차장님에게 전화하여 시험이 어떻게 출제되었는지를 이야기했다. 수화기 너머 "아, 너무 어려운 문제네요. 어떡해요"라는 이야기가 들려왔다. 힘내라는 이야기를 끝으로 전화를 끊었다. 사실 나에게 주어진 문제는 처음 보는 문제였고, 그래서 시험을 보면서 답을 찾아내야 하는데 그러기에는 시간이 턱없이 부족했다. 다행히 첫날 시험을 합격하여 둘째 날 시험을 볼 기회가 주어졌다.

둘째 날에도 나는 시험에 온통 몰입했다. 답을 알 수 없는 것도 생각하고, 생각하고 또 생각했다. 지난 1년 동안을 나는 이 시험을 위해 많은 준비를 했지 않은가. 내가 알고 있는 내용을 잘 조합하면 해답을 찾을 수 있을 것이라고 생각했고 시험에 몸과 마음을 모두 몰입했다. 시간이 어떻게 가는지도 몰랐다. 오전 시험을 패스하고 다시 오후 시험을 볼 수 있는 기회가 주어졌다. 그렇게 오후 시험을 모두 마치고 나니 밤 7시가 넘어서고 있었다.

감독관의 점검까지 모두 끝내고 나니 밤 9시가 넘었다. 결과는 합격이었다. 시험 감독관은 나에게 "Genius"라는 극찬과 함께 자기 일만큼 기뻐했다. 많은 축하를 해주었다. 이틀의 시험을 보는 동안 합격을 바라는 나의 간절함이 시험 감독관에게도 전달이 되었던 것 같았다. 그를 뒤로하고 기진맥진한 상태로 호텔에 돌아와 회사에 전화를 했다. 회사에서는 밤이 늦도록 연락이 없어서 떨어졌나 보다고 모두 포기하고 있었다고 했다.

만약 같은 문제를 회사의 랩에서 풀었다면 아무리 많은 시간이 주어졌어도 합격할 만큼 구현해내지는 못했을 것이다. 나는 한국을 떠나는 비행기에서부터 시험이 끝날 때까지, 그 사흘 동안 나의 모든 에너지를 시험에 쏟아부었다. 아니다, 아마도 나는 그전부터도 시험한 가지에만 몰입하고 있었을 것이다. 그 시험이 회사에게도 나에게도 얼마나 중요한지를 알고 있었기 때문에, 그리고 이번이 마지막 기회라는 절박감 때문에 말이다. 그런 몰입의 결과 나에게 주어진 것은 합격과 함께 6605번이라는 숫자였다. 나는 전 세계적으로 6605번째로 그 자격증을 딴 사람이었다.

동경에서 돌아온 다음날 회사에 출근했을 때 나를 기다리고 있었던 것은 회사와의 특별 보너스 계약이었다. 3년 동안 매년 초에 회사가 지급하는 특별 보너스를 받고 그 사이 이직을 하게 되면 이를 반

환해야 한다는 계약이었다. 혹시라도 내가 다른 회사로 이직을 하게 되면 회사는 비즈니스에 타격을 입게 된다. 회사의 비즈니스를 위해서 나는 꼭 필요한 직원이었다. 이후 다른 회사에서 스카우트 제의가 여러 차례 있었고 모두들 내가 받고 있는 연봉보다 훨씬 더 많은 연봉을 제시하기도 했지만 나는 그 이유로 회사를 떠나지는 않았다.

우리의 뇌를 보다 더 활용할 수 있는 생각의 힘

몰입했을 때와 아닐 때 차이를 짐작할 수 있는 과학적 근거가 있다. 브라이언 트레이시의 저서 《Get Smart》에는 우리 뇌의 엄청난 힘에 대해 언급하고 있다.

"우리의 생각에는 엄청난 힘이 있다. 우리 뇌에는 1,000억 개의 뇌세포가 있고, 각각의 뇌세포는 2만 개가 넘는 다른 세포들과 연결되어 있다. 우리가 생각할 수 있는 총사고를 헤아리면 1,000억의 2만 제곱 개에 달한다. 이는 우주에 존재한다고 알려진 분자의 수보다 많은 것이다. 당신에게는 지금 당장 어떤 목표든 설정해서 원했던 모든 것을 성취할 정신적 능력이 있다. 더 정확하게 생각하고 계획하고 창조하도록 뇌의 능력을 키우면 당신은 어떤 문제도 풀 수 있고 스스로 세운 어떤 목표든 성취할 수 있다. 당신의 머릿속 슈퍼컴퓨터가 가진 힘은 실로 어마어마해서 삶을 100번 산다고 해도 그 잠재력을 다 쓰지 못할 것이다."

절박한 시험을 통해 몰입이라는 신기한 경험을 하면서 나는 이것을 점점 더 발전시켜나갔다. 제안 발표나 평가를 위한 인터뷰에도 이를 준비하는 단계에서부터 발표가 끝날 때까지 항상 몰입했다. 그리고 대부분의 경우 좋은 성적을 받을 수 있었다. 사람들은 내가 실전에 강한 타입이라고 말한다. 제안 발표에서 평가위원들의 예상 밖의 질문에도 당황하지 않고 답변을 잘한다고들 말한다. 기관장으로 일할 때에도 평가나 심의에서 평가위원들의 모든 질문에 답변을 막힘없이 잘한다고들 한다.

그것은 그냥 되는 것은 아니었다. 그것은 엄청난 몰입의 결과였다. 평가위원들의 질의 하나하나에 몰입하면서 그들이 질문을 하는 의도와 그 질문을 통해 얻고자 하는 답을 파악하기 위해 몇 단계의 생각을 빠르게 진행한다. 그리고 내가 알고 있는 모든 지식과 정보를 바탕으로 그들이 원하는 답변을 찾아낸다. 이것이 나의 비결이었다. 내가 하고 있는 일에 대한 충분한 지식, 철저한 준비, 그리고 몰입이 가져다준 결과였다.

일을 하는 데 있어서 주어진 일을 생각 없이 하는 것은 아주 위험하다. 윗사람이 시켰으니까 하라는 대로 하다 보면 나의 생각은 없어지고 만다. 어떤 일이 주어지면 우리는 항상 이 일의 목적이 무엇인

지, 이 일을 어떻게 잘 수행해나갈 것인지를 고민해야 한다. 인간에게
는 생각하는 힘이 있다. 그리고 그 생각하는 힘은 생각을 하면 할수
록 더욱더 발전한다. 주어진 과제에 몰입해서 해결할 방법을 생각하
고, 생각하고 또 생각해서 해결책을 찾아낸다. 확실한 것은 내가 생각
하고 고민하는 만큼 나의 생각의 깊이는 깊어지고, 폭은 넓어지고, 능
력도 향상된다는 것이다.

몰입, 내면의 조정을 통해
행복을 얻는 방법

4차 산업혁명이 트렌드로 떠오르면서 우리가 느끼는 공포 중 하나가 우리의 생계수단인 일자리가 사라질지 모른다는 점이다. 인공지능AI과 방대한 네트워킹으로 대표되는 4차 산업혁명이 촉발하고 있는 급격한 변화는 과거의 인재와는 다른 인재를 요구하고 있다.

다니엘 핑크에 의하면 "농경시대에는 힘이 센 농부가, 공업화 시대에는 육체적인 노동을 하는 공장 노동자가 필요했다. 지식시대에는 지식을 가진 근로자가 필요했다. 현재는 개념시대Conceptual Age라고 일컫는다"라고 한다. 개념시대에 맞는 인재는 어떤 능력을 가져야 할까? 많은 사람들은 문제를 해결하는 능력과 창의성을 손으로 꼽는다. 지금은 과거의 산업화 시대와는 달리 근무하는 시간이 직원의 성과를 대변해주지 못한다. 문제 해결력과 창의성을 키워야 한다. 이는 생각의 힘에서 나온다. 즉, 몰입을 통해 해결할 수 있다.

몰입은 그 자체로 행복하고 즐거운 일이다

우리는 흔히 놀이를 하거나 게임을 할 때 쉽게 몰입 상태에 빠진다. PC방에서 몇 시간씩이나 게임을 하면서 시간 가는 줄 모르다 정신을 차리고 보니 밖이 어두워져 있다. 학창시절에 한 번쯤은 경험해보았을 일이다. 우리가 오랜 시간을 게임에 몰입할 수 있었던 것은 게임에 이기려는 생각이 나를 지배했고 또 게임이 재미있어서이다. 게임에 이기려는 생각은 다시 말하면 게임의 목적이다. 우리는 분명한 목적을 가지고 몰입에 빠진 것이고 게임에 몰입하는 동안 즐거움과 행복을 느꼈던 것이다.

심리학에서는 무언가에 흠뻑 빠져 심취해 있는 무아지경의 상태를 '몰입'이라고 한다. 몰입 이론의 창시자인 칙센트미하이 교수는 몰입 경험은 "그 자체가 즐거운 것으로서 자기 충족적인 속성을 지닌다"라고 한다. 그는 몰입 상태에서 느끼는 7가지 감정을 이야기했다. "일에 대한 완전한 주의 집중, 행복감, 무엇을 해야 하는지 어떻게 해야 하는지를 잘 아는 명확성, 우리가 그 일을 할 수 있다는 자신감, 걱정이 없는 맑은 상태, 현재에 집중하여 시간가는 줄 모르는 상태, 그리고 마지막으로 내적인 동기부여" 등이다. 몰입은 일에 완전한 집중을 통해 아이디어를 얻고 자신감을 얻으면서 행복하게 일할 수 있는 방법이다. 또 몰입은 외부 환경에 의해서가 아닌 나의 내면의 조정을 통해 행복을 얻는 방법이다.

주도적으로 일을 하는 사람은 남이 시켜서가 아니라 본인의 내적 동기로 일을 하는 사람이다. 이러한 사람들의 특징은 생각을 많이 한다는 것이다. 그들은 주어진 과제에 대해 어떻게 하면 목표 달성을 할 수 있을지에 대해 생각하고 또 생각한다. 이러한 생각은 탁월한 성과를 만들어낸다. 똑같은 일을 하더라도 집중된 고민을 통해서 나온 결과물은 다르다. 일에 대한 제대로 된 목적을 가지고 몰입해서 일을 한다면 그 일을 훨씬 잘할 수 있고 즐기면서 일할 수 있게 된다. 몰입은 잠재되어 있는 우리 두뇌의 능력을 깨우는 최고의 방법이며 훌륭한 인재로 성장할 수 있게 해준다. 인생의 즐거움과 행복도 몰입을 통해 얻을 수 있다.

국내에서 몰입 연구자로 유명한 황농문 교수도 "몰입은 즐거움과 특별한 감정을 동반하는 놀라운 경험"이라고 말한다. 그는 "몰입 상태에 이르면 몇 날이고 몇 주일이고 내내 그 생각만 하고, 그 생각과 함께 잠이 들었다가 그 생각과 함께 잠이 깬다. 이런 몰입 상태에서는 문제 해결과 관련된 새로운 아이디어가 끊임없이 떠오른다. 이때의 감정적인 변화도 특별하다. 그 문제를 해결할 수 있다는 자신감이 솟구치고, 호기심이 극대화된다. 그리고 무엇보다 놀라운 것은 지고의 즐거움이 뒤따른다는 것이다. 바로 사고하는 즐거움이다"라고 말했다.

미래의 행복을 위해 현재를 희생하는 것은 슬픈 일이다. 현재도 행복하게 살아야 한다. 일도 내가 좋아서 하는 것이 되어야 한다. 몰입은 그 자체로도 즐거운 일이고 이를 통해 얻어지는 결과와 개인의 성장은 일에서 얻는 즐거움을 배가시켜준다. 몰입을 통해서라면 일을 즐겁게 하고 행복하게 사는 것이 가능하다. 일뿐만이 아니다. 우리가 인생에서 추구하고자 하는 것이 무엇이던지 몰입해서 적극적으로 이를 이루어나간다면 분명 그 인생은 후회 없는 행복한 인생이 될 것이다.

몰입하려면 목표 이외의 일에 'NO'라고 하고 집중하라

다양한 일을 손 안의 기기 하나로 처리할 수 있도록 세상을 바꾼 스티브 잡스는 집중은 선택하는 것이 아닌 'NO'를 하는 것이라고 말했다.

"사람들은 집중이란 자신이 초점을 맞추고 있는 일에 'YES'라고 말하는 것이라고 생각한다. 하지만 집중이란 이런 뜻이 전혀 아니다. 집중은 다른 수백 가지의 좋은 아이디어에 'NO'라고 말하는 것이다. 당신은 한 가지를 신중하게 골라야 한다. 나는 우리가 해왔던 일만큼 하지 않았던 일들에 대해서도 자부심을 갖고 있다. 혁신이란 100가지 일에 대해 'NO'라고 말하는 것이다."

페이스북의 창립자 저커버거가 왜 한 가지 티셔츠만 입느냐는 질문에 "오직 페이스북 한 가지에만 집중하기 위해서 옷 입는 것에는 에너지를 낭비하지 않는다"라고 대답한 것도 같은 맥락이다.

초등학교 4학년 첫 수업시간이었다. 담임선생님은 갑자기 반장을 칠판 앞으로 나오라고 하셨다. 그리고 분필을 하나씩 들고 왼손으로는 사각형을 그리고 오른손으로는 원을 그리라고 하셨다. 모두들 반장이 그리는 그림을 지켜보고 있었다. 원과 사각형이 제 모습을 갖추지 못하고 비슷한 형태로 그려졌다. 그때 담임선생님이 말씀하셨다.

"똑똑한 반장도 두 가지를 한 번에 못하는 것을 보거라. 수업에 집중하는 것과 다른 짓을 하는 것 둘 다 잘할 수는 없다. 앞으로 수업시간에 딴짓하지 말고 수업에 집중하도록 하자."

우리의 직장 생활은 참으로 바쁘다. 그런데 지금 우리가 바쁜 이유는 무엇인가? 습관적으로 바쁜 건 아닌가? 바쁨에 중독되어 바쁘지 않게 될까 봐 두려워하면서 매일 사소한 일을 만들고 있는 건 아닌가? 매일 루틴하게 일어나는 일을 처리하면서 바쁘니까 된 거라는 위안을 하고 있는 건 아닌가? 남이 하는 부탁을 거절하지 못하고 정작 내가 해야 할 일은 뒷전인 채 남들에게 좋은 사람으로 기억될 자신을 위안하고 있는 건 아닌가? 바쁘다는 것만으로 미덕이 되는 직장 생활은 더 이상 의미 있는 직장 생활이 아니다.

지금 이 순간 우리가 집중해야 할 중요한 일은 무엇인가? 온전히 몰입해야 할 일은 무엇인가? 우리의 몰입을 방해하는 요소들은 무엇인가? 미국의 심리학자 수전 뉴먼의 저서 《거절의 미학》에서는 'NO'라는 말은 자신과 자기 삶을 지키기 위한 무기라고 이야기한다. 일에 몰입하려면 몰입에 방해가 되는 요소들을 적극적이고 과감하게 제거해나가야 한다. 그것이 사람이든 다른 일이든 우리를 둘러싸고 있는 물건이든.

데이비드 크랜쇼는 《멀티태스킹은 없다》에서 진정한 멀티태스킹은 없다고 말한다. 우리가 흔히 이야기하는 멀티태스킹은 두 가지 업무를 놓고 왔다 갔다 하는 스위치태스킹이라는 것이다. 멀티태스킹은 집중력을 방해하여 결국은 시간과 비용을 낭비하게 만든다고 주장한다. 스위치태스킹도 마찬가지다.

우리는 업무를 하다가 이메일을 확인한다든가 스마트폰을 확인하기도 한다. 이렇게 잠깐씩 확인하는 일이라 하더라도 다시 업무로 돌아와 집중하는 데는 시간이 꽤 걸린다. 또 많은 사람들은 스마트폰을 확인하다가 다시 업무로 돌아오지 않고 스마트폰 속 다른 일에 빠지는 경우가 다반사다.

우리가 제대로 몰입을 하기 위해서는 한 번에 한 가지 일에만 집중하는 것이 필요하다. 우리가 몰입하여 해결하고자 하는 일이 무엇이든지 온전히 그 한 가지 일의 목적을 고민해야 한다. 그러기 위해서 우리에게 중요하지 않은 일은 정리하는 기술이 필요하다. 지금 이

순간 사람, 일, 공간에 대하여 깨끗이 정리하고 집중해야 할 일에 집중하자. 한 번에 하나씩 성실하게 집중하고 우리의 모든 생각하는 힘을 쏟아부어야 한다. 그리고 그것이 마침내 완성될 때까지 그 집중력을 유지하자.

몰입을 위해
필요한 조건들

집중력이 높은 사람이면 어떤 일에도 몰입할 수 있을까? 평범한 사람보다는 나을지 몰라도 완전히 몰입하기는 불가능할 것이다. 피터드러커 경영대학 칙센트미하이 교수는 몰입이 일어나기 위해서 필요한 세 가지 조건을 제시했다. '명확한 목표, 적절한 일의 난이도, 결과에 대한 빠른 피드백'이 그 세 가지이다. 몰입을 쉽게 하기 위해서는 먼저 명확하고 분명한 목표가 제시되어야 한다. 도전과 능력이 균형을 이루어서 일의 난이도가 적절하다고 생각되어야 한다. 그리고 수행한 업무의 결과를 즉각적으로 알 수 있어야 한다.

몰입을 위해서는 목표가 명확하고 난이도가 적절해야 한다

몰입을 통해서 얻고자 하는 것이 무엇인지 뚜렷한 목표와 성취동기가 있다면 우리의 생각을 어디에 집중해야 할지가 분명해진다. 해결하고자 하는 문제가 명확하거나 구체적이지 않으면 시간이 걸리더라도 목표를 먼저 명확하게 하는 것이 필요하다. 문제의 범위가 너무 넓은 문제는 문제를 분류하거나 쪼개서 가장 중요하거나 영향력이 큰 문제를 우선 선택한다. 이렇게 목표를 구체적으로 정의하는 것은 우리가 일을 잘하고 몰입을 하는 데 꼭 필요하다.

우리의 능력보다 턱없이 높은 난이도의 일을 만나면 포기하고 싶어진다. 반대로 몰입해야 할 일이 너무 쉬우면 매너리즘에 빠진다. 그래서 몰입하려는 일은 너무 쉽거나 어렵지 않아 적당한 긴장감을 느낄 수 있어서 몰입을 통해 풀 수 있을 정도가 되는 것이 좋다. 자신이 할 일이 적당한 난이도일 때 일에 몰입하게 되고 업무 능력이 극대화된다. 몰입을 통해서 문제를 해결하기 위해서는 해결하고자 하는 문제에 관련된 지식과 전문성은 필수이다. 본인이 가지고 있는 지식과 전문성이 높을수록 몰입을 통해 풀 수 있는 문제 해결의 수준은 높아진다. 그래서 평소에 업무에 대한 관련 지식과 전문성을 키워나가는 것이 중요하다.

몰입에 접근하는 방법은 두 가지가 있다. 첫 번째는 위기 상황에서 위기감 때문에 몰입하는 경우이다. 선택의 여지가 없는 상황에서 스트레스를 받으면서 몰입으로 들어간다. 중요한 시험을 앞둔 수험생의 경우가 이에 속한다. 두 번째는 게임을 하듯이 즐겁게 몰입하는 방법이 있다. 일에 대해서 성취동기와 목표가 분명하여 일에서 큰 의미를 갖는 사람은 즐겁게 몰입에 들어갈 수 있다. 그들은 긍정적이고 즐거운 마음으로 문제를 해결하려는 몰입 활동을 추구한다. 이처럼 긍정적인 자세를 갖고 몰입을 하는 것은 행복감을 더 증가시킨다. 따라서 어쩔 수 없는 환경에서 몰입에 들어가더라도 이를 긍정적으로 바꿔나가려는 노력이 필요하다. 몰입을 통해 얻을 수 있는 좋은 결과를 생각하거나 성취동기를 키우는 것이 그 예이다.

처음에는 장기간의 몰입이 어려울 수 있다. 이럴 때는 분이나 시간 단위로 목표를 세워서 시작해보는 것이 좋다. 10분 또는 한 시간 그리고 점점 시간을 늘려서 오전, 하루, 일주일로 늘려가는 연습을 하는 것이다. 이렇게 몰입하는 과정이 반복되면서 우리의 사고력과 집중력이 점점 좋아지고 문제 해결력도 높아질 것이다. 우리가 느끼는 성과는 자신감을 증가시키고 보다 더 높은 수준의 몰입에도 도전하게 된다.

학생들을 대상으로 창의력과 사고력을 발전시키기 위한 연구에 대한 결과가 있다. 그것은 난이도가 높은 문제를 제시하면서 지속적으로 깊은 생각을 하도록 유도하는 것이 창의력과 사고력의 발전에 큰 영향을 미친다는 것이다. 천재와 보통사람의 지적 능력 차이는 질이 아닌 양의 문제라는 연구결과도 있다. 이 시대는 문제 해결력과 창의력이 뛰어난 인재를 필요로 한다. 이것은 주도적으로 생각하고 몰입할 때 가능하다. 결국 우리가 누구든지 간에 우리가 얼마나 집중해서 몰입하느냐에 따라 우리의 결과물은 달라질 것이다.

클로징 멘트 하나를 찾기 위해 쏟은 몰입의 경험

고객사의 경영진이 교체되었다. 그 고객사는 몇 년 전에 우리 회사와 큰 금액의 장기계약을 했던 고객이었다. 교체된 경영진은 우리 회사와의 계약 내용에 대해 재검토를 하고 싶어 했다. 그래서 당장 우리에게 요청이 온 것이 지금까지 우리가 제공한 IT 서비스에 대해 고객사 경영진들에게 요약 발표를 해달라는 것이었다. 회사에서는 어려운 발표가 될 것이라고 예측했다. 발표를 통해서 얻어야 할 목표가 우리 회사가 고객들에게 제공하는 IT 서비스가 계약 금액 이상의 가치가 있다는 것을 고객들이 느끼게 하는 것이니 말이다. 너무 드러내놓고 우리는 모두 잘하고 있다는 식으로 이야기하는 것은 오히려 고객의 반발을 살 수 있었다. 겸손하게 접근하면서 목표달성을 해야 했다. 그래서 어려웠다.

발표를 사흘 앞두고 발표자가 담당 팀장에서 나로 바뀌었다. 어려운 발표이니 내가 하는 것이 좋겠다고 전무님이 말씀하셨다. 발표까지는 시간이 많이 남지 않아 발표할 자료를 보완하는 것과 발표 시에 이야기할 멘트에 몰입해야 했다. 발표 스토리라인을 짜고 인사말부터 글자 단위로 살피고 또 살폈다. 발표 시에 전달할 말을 생각하면서 여러 차례 수정했다. 발표 시간을 잘 지키기 위해서 연습한 내용을 녹음했고 이동 중에는 녹음된 파일을 반복해서 들었다. 그리고 고객 참석자들을 중심으로 각 고객이 가진 현안과 니즈에 대해서 생각하고 답변을 준비했다. 모든 것이 완벽하게 준비가 된 듯했다. 단 하나만 빼고.

문제는 마지막에 이야기할 클로징 멘트였다. 앞에서 발표한 내용을 함축적으로 정리하고 동시에 우리가 많은 노력을 하고 있다는 것이 암묵적으로 표현되어야 할 중요한 말이었다. 고객들이 '이 정도로 많이 노력하고 있구나' 하는 느낌을 받을 수 있는 아주 객관적이고 의미 있는 문장이 필요했다. 발표 내용을 보고 또 보고 스토리라인을 머릿속에서 계속 떠올리고 여러 참고 자료들을 보면서 자나 깨나 클로징 멘트 하나를 생각했다. 그러다 마침내 발표 전날 클로징 멘트로 좋은 글을 발견했다. 나는 잊어버리기 전에 얼른 기록을 해두었고 발표 내용에 반영했다.

큰 회의실에는 두 회사의 경영진을 비롯한 많은 분들이 자리하고 있었다. 나의 발표와 질의응답이 이어졌다. 긴 시간이었다. 내가 의도했던 대로 고객들은 그동안 우리의 노력에 대해 긍정적으로 평가하는 것 같았다. 회사 대표님께서 나의 생각을 읽으셨는지 나를 돌아보며 고개를 한 번 끄덕이셨다. 민감한 발표에서는 조사 하나, 단어 하나도 중요한 역할을 한다. 하물며 클로징 멘트는 말할 것도 없다. 내가 할 수 있는 모든 노력과 힘을 다 쏟아 필사적으로 매달리면 항상 답이 나온다. 나는 그것을 항상 느끼고 있다.

설렘과 두려움이 교차하는 시간,
몰입으로 해결하다

당신이 세계 최고의 부자라면 휴가 때 무엇을 하고 싶은가? 빌 게이츠는 몰입을 위해 일 년에 두 번 '생각 주간Think Week'을 갖는다고 한다. 모든 일을 제쳐두고 오로지 생각에만 몰입하는 시간이다. 그는 책과 논문, 각종 보고서를 들고 작은 별장으로 들어간다. 일주일에 100편 이상의 논문을 읽으며 일일이 코멘트를 남긴다. 때로는 하루에 18시간 동안 글만 읽을 정도로 치열한 시간을 보낸다. 마이크로소프트의 비전 중 상당수가 바로 이 생각 주간의 몰입으로 결정된 것이라고 한다.

미국의 성공철학의 대가 짐 론은 "목표에 정성을 쏟으면 목표도 그 사람에게 정성을 쏟는다. 계획에 정성을 쏟으면 계획도 그 사람에게 정성을 쏟는다. 무엇이든 좋은 것을 만들어내면 결국 그것이 그 사람을 만드는 법이다"라고 말했다.

새로운 일을 맡거나 직장을 옮겼을 때는 항상 일정 기간의 몰입이 필요한 시기이다. 특히 리더로서 새로운 일을 맡게 되면 항상 기대감과 두려움이 교차한다. 새로운 일에 대한 기대감으로 흥분이 되는 것과 동시에 내가 업무 파악을 빠르게 하지 못해 잘못된 의사결정을 하는 것은 아닌지 두렵기도 하다. 또한 내가 맡은 일을 잘할 수 있을지에 대한 의심의 마음이 들기도 한다. 나는 이럴 때마다 극도의 몰입을 통해 이를 해결한다. 업무와 직원들과 환경을 빠르게 파악하고 조직이 나아갈 방향에 대해 철저한 계획을 세운다. 이렇게 함으로써 나의 두려움의 원인은 제거되고 내가 맡은 일을 잘할 수 있다는 자신감이 그 자리를 채우게 된다. 그리고 이러한 경험이 계속 쌓여가면서 새로운 일을 파악하기 위해 몰입이 필요한 기간은 점점 줄어들었다.

설렘과 두려움이 교차하는 시간들

헤어짐이 쉬운 사람은 없겠지만, 사실 나는 어떤 헤어짐이건 익숙하지 않았고 힘이 들었다. 초등학교 졸업부터 학교를 졸업하는 것은 참 슬픈 일이었다. 중학교 졸업 때는 외지로 진학을 앞두고 있어서 더 슬펐다. 다른 친구들은 학교를 졸업하면서 대부분 후련해했는데 나는 좀 달랐다. 졸업이라는 제도가 없었다면 나는 평생 한 학교를 다닐 사람이라고 혼자 생각했었다. 그런데 일은 좀 달랐다. 익숙해지는 것이 두려웠고 내가 떠날 시간이라는 생각이 들면 항상 과감하게 홀홀 털고 일어났다. 박수칠 때 떠나는 걸 즐겼다. 익숙함과의 헤어짐이 아프지 않은 것은 아니었지만 그래도 당연히 그렇게 하는 것이라고 생각했다.

나는 지금까지 몇 차례의 이직을 했다. 또 같은 회사라 하더라도 그 안에서 내가 맡는 조직이 변경되는 일도 여러 차례였다. 이러한 이직과 조직 변경은 나의 하는 일이 바뀌고, 내가 맡는 조직의 목표가 바뀌고, 같이 일하는 사람들이 바뀌는 늘 새로운 경험이었다. 이는 어느 정도 익숙해진 업무가 지루해질 때쯤 나를 구원해주는 구원투수이기도 했다. 새로운 일은 늘 흥분되고 긴장되기도 한다. 그 흥분과 긴장은 항상 나를 깨웠다.

대학졸업과 동시에 입사한 회사에서 나는 23년 넘게 근무했다. 아마도 한 조직에서 같은 일만 했다면 그렇게 긴 시간을 버텨내지 못했을 것이다. 내가 가장 싫어하는 무료함과 지루함과 단조로움이 나로 하여금 어떻게든 다른 방법을 선택하게 했을 것이다. 전문가로 일하는 17년 동안 나는 많은 종류의 IT 시스템을 맡았다. 전문 영역을 하나씩 확장하면서 새로운 일을 계속적으로 받아들였다. 이렇게 전문 영역을 계속 확장한 것은 전반적인 IT 시스템을 총괄적으로 구조화하고 진단하는 아키텍트architect 업무를 가능하게 했다. 나는 이 분야에서 회사가 공인하는 전문가였다.

팀장으로 팀을 맡은 기간은 약 3년이었다. 그렇지만 그 3년도 같은 일만 했던 것은 아니었다. 처음에 맡은 팀은 2개의 서브팀으로 시작했다. 조금 시간이 지나면서 4개의 서브팀으로 늘었고, 팀의 기능은 두 배, 인원은 세 배 가까이 늘었다. 항상 새로운 일들이 추가되었고 조직에 필요한 새로운 일들을 적극적으로 만들었다. 이후 3년은 임원으로 3개의 조직을 순차적으로 맡았다. 나의 조직관리 역량이 늘어나면서 한 조직을 맡은 기간이 점점 짧아졌다.

이후 국내 대기업으로 이직을 하게 되었다. 회사가 바뀌는 경험은 처음이었다. 글로벌 기업과 국내 대기업은 문화가 많이 달랐다. 일을 하는 방식도 달랐다. 직원들의 생각도 달랐다. 다르다는 것은 나에게 새롭고 흥분되는 일이었다. 새로 온 임원에게 100명이 넘는 조직을 맡긴 회사와 나를 믿고 따르는 직원들에게 빠른 보답을 해야 했다. 극한의 몰입이 필요한 시간이었다. 조직의 현황파악은 물론 모든 직원들과 일대일 면담을 통해 직원들에 대해서도 알아나갔다. 그리고 앞으로의 계획을 수립하고 최소한의 조직 개편을 했다.

2017년 2월 1일은 내가 공직자로 첫 발을 내디딘 날이다. 많은 망설임과 고민 끝에 내린 결정이었다. 전문성을 가지고 일을 열심히 하는 기관장이 필요하다는 인사혁신처의 설득이 있었다. 그래도 국가기관에서 내가 필요하다는데, 개인적인 안위만 고집하면 안 되지 않을까 하는 사명감이 공무원으로 일을 시작하게 된 계기였다. 공직에 취임하기 전 나는 지금까지 일했던 기업과는 다르게 공직에서는 어떤 가치관을 가져야 할지 고민했다. 그리고 실력, 소신, 청렴이라는 세 가지 가치를 내가 공직에서 일하는 동안 지녀야 할 개인적인 가치로 생각했고 이를 지켜나갔다.

나는 기관장으로 취임하면서 바로 일을 잘하기 위한 몰입 상태로 들어갔다. 한 달 동안 주변의 모든 것을 잊고 내가 3년 동안 일할 기관에 몰입했다. 그리고 취임한 지 한 달이 지나서 몰입 상태에서 벗어났다. 그 한 달이라는 시간 동안 나는 주말에도 가족과 떨어져 기관이 소재해 있는 대전에 머물렀다. 이후에도 취임 초기와 같은 극한 몰입은 아니었지만, 기관장으로 일한 3년 보름 동안 나는 내내 나의 일에 집중했다. 그리고 해결해야 할 문제에 따라 짧거나 길거나의 몰입은 계속되었다.

한 달 동안의 몰입으로 3년의 밑그림을 완성하다

2017년 3월 1일   취임 후 한 달

오늘은 나에게 상당히 뜻깊은 날이다. 오늘로써 내가 공직에 뛰어들어 업무를 시작한 지 한 달이 되었다. 동시에 지난 한 달 동안 대전 지역에 감금시켰던 나를 내가 해방시켜준 날이다. 삼일

절 휴일을 맞아 한 달 만에 집에 올라왔다. 그리고 대학 기숙사에 들어가는 아들 짐을 싸서 아들이 다니게 될 대학에 처음으로 방문했다. 지난 2월에 있었던 아들의 고교 졸업식에는 참석하지 못했다. 곧 있을 대학 입학식도 참석할 수 없는 일정이다. 오늘 하루만이 엄마로서 아들의 고교 졸업과 대학 입학을 마음껏 축하하고 시간을 쓸 수 있게 허락된 날이었다.

한 달 전 오늘, 2017년 2월 1일 아침, 광화문 정부청사에서 행자부 장관으로부터 임명장을 받았다. 전날 밤 8시까지 광화문 근처에 있는 회사에서 일을 했었는데, 불과 몇 시간 만에 많은 것이 바뀌었다. 임명장을 받고 장관님이 주재하시는 간부회의에 참석했다. 오후에는 기관이 소재해 있는 대전으로 내려가 취임식을 했다. 하루 동안 많은 사람을 만났고 많은 일이 있었다. 나의 공무원 시간은 이렇게 시작되었다. 과별로 업무보고를 받았다. 업무 내용을 파악하는 것은 그리 어렵지 않았다. 부임 후 하루 만에 대형 장애가 있었다. 새벽 3시쯤 발생한 장애는 오전 10시쯤 되어서야 완전히 해결되었다. 7시간의 장애 복구시간, 내가 예상했던 것보다 장애를 복구하는 데 많은 시간이 걸렸다. 관제팀부터 시작하여 장애와 관련된 모든 직원들을 회의실로 불러모았다. 그리고 장애가 발생한 새벽 3시를 기점으로, 전체적인 업무 흐름을 분 단위로 점검해보았다. 담당자들의 역할과 시스템, 프로세스를 하나하나 정리했다. 아마, 내가 전체 장애 관리의 문제점들을 빠르게 파악하게 하려고 장애가 난 것 같다는 생각이 들었다. 장애로 문제는 있었지만, 덕분에 나는 관제 시스템, 장애 관리 프로세스, 공무원과 사업자들의 장애 대응 역량과 R&R, 전력 설비 및 IT 인프라스트럭처 구조Infrastructure Architecture, 각 과 및 사업자 간의 소통 문제, 장애 책임의 문제, 장애 사후 대처 등 대부분의 현황과 문제점들을 빠르게 파악할 수 있었다.

전체 직원들에 대한 파악도 필요했다. 시간 나는 대로 과장들부터 시작하여 직원들과 개인 면담을 진행했고, 전체 직원들에게 3가지 질문에 대한 답을 서면으로 제출하게 했다. 직원들이 제출한 서면 내용은 직원들에 대해 알아가고 현재 우리 기관의 상태를 파악하는 데 크게 도움이 되었다. 개별 직원이 기관 또는 국민에게 주고 있는 가치, 직원들이 생각하는 조직의 문제점, 그리고 개선점 등을 몇 가지 항목으로 분류하여 우선순위를 정했다.

조직 개편이 필요했다. 기관이 가는 방향에 대한 비전, 추구하는 가치, 전략체계의 정립도 필요했다. 인사제도의 변경도 필요했다. 기존의 연공 서열 방식의 평가로는 현재 쌓여 있는 많은 문제점들을 해결할 수 없었다. 더군다나 능력 있는 직원들은 모두 행자부 본부에 가 있고, 몇몇 남아 있는 직원들마저 승진을 위해서 언제 행자부 본부에 가나만을 손꼽고 있다. 과장들은 말할 것도 없다. 발 하나만 우리 기관에 담그고 나머지 몸과 시선은 온통 행자부 본부를 향하고 있다. 본부의 과장 자리가 언제 나는지 누가 어디로 이동하는지가 최대의 관심사이다. 말 그대로 대부분 공무원들의 최대 관심사는 승진과 승진을 위한 자리 이동이다.

나에게 주어진 3년이라는 시간 안에 모든 문제점들을 개선하고 시스템화 하는 게 과연 가능한 일일까? 모든 조직은 파레토의 법칙에서 파생된 20대80의 법칙에 따라 움직인다고 한다. 20%의 직원들이 전체 업무의 80%를 수행한다는 법칙이다. 20%까지는 바라지 않는다. 단 다섯 명이라도 열 명이라도 나와 뜻을 같이하고 문제점을 인식하고 변화를 추구할 수 있는 직원들이 필요했다. 직원들이 일의 동기를 찾을 수 있는 조직 문화와 인사제도가 절실했다. 조직이 모든 것을 잘 갖추고 있어도 IT 조직의 특성상 급변하는 기술 변화에 적응하고 도태되지 않으려면 끊임없는 변화와 혁신이 필요하다. 더군다나 지금의 우리 기관은 많은 개선이 필요한 시점이다.

과장(서기관) 이상 직원들은 거의 대부분 집이 서울이었다. 그래서 주말부부 생활을 하고 있었다. 금요일 퇴근 후에는 서울에 올라가고 월요일 아침에 대전에 내려오는 패턴으로 생활하고 있었다. 나도 가족이 살고 있는 집은 경기도지만, 주말이라고 맘 편히 집에 갈 수가 없었다. 2월 한 달 동안은 아예 대전에 머물렀다. 중간에 꼭 필요한 출장은 어쩔 수 없었지만, 주말 포함 대부분의 시간을 근무지와 관사에서 보냈다. 기관의 모든 내용이 파악되지 않은 상태이기도 했고 혹시라도 발생할지 모르는 장애나 사이버 공격에 대해 즉각적으로 대응하려면 내가 대전을 떠나서는 안 된다고 생각했다. 기관장인 내가 업무를 제대로 숙지하지 못하여 중요한 의사결정을 놓치거나 잘못된 의사결정을 하게 될까 봐 두려웠다.

한 달 동안 내가 운영해야 할 기관에 대한 세부 내용 파악을 완료했다. 모든 직원들은 아니지만 각과 별로 직원들에 대한 대략적인 파악, 전체 시스템과 구조에 대한 파악, 현재 문제점들에 대한 파악도 완료했다. 이를 바탕으로 현재 기관의 개선점을 정리했다. 나의 기관 운영 방향, 발전 방향, 투비 이미지To-Be Image, 전략체계, 로드맵, 빠르게 진행해야 할 시스템 개선, 조직 개편 내용, 인사 및 조직관리 방안 등도 모두 정리했다. 장·차관님의 지원이 필요한 내용도 일목요연하게 정리했다. 그리고 이 내용을 모두 2월 28일에 장 · 차관님에게 보고드렸다. 그리고 내일 3월 2일부로 조직 개편을 단행한다.

오늘 나는 한 달 동안 대전 지역에 구금해두었던 나를 해방시켰다. 지난 2월 한 달은 온전히 나의 새로운 일에 집중했던 시간이었다. 또, 내가 3년 동안 가족과 떨어져서 살아야 할 대전 지역에 집중했던 시간이었다. 새로운 일에 대한 나의 다짐이었고 나에게 월급을 주는 국민과 나를 믿고 따르는 직원들에 대한 기관장으로서의 예의였다. 내가 내 일을 재미있고 보람차게 하기 위해 나 자신을 길들이는 데 필요한 시간이기도 했다. 앞으로 갈 길은 멀고 할 일도 많지만, 모든 것을 파악하고 할 일을 정리하고 나니 자신감도 커졌다. 심호흡 한 번 크게 하고. 자, 이제 시작해보자. 천 리 길도 한 걸음부터니까. 나는 여기에 있고, 앞으로 전진할 수밖에 없다.

오늘은 한 달 만에 비로소 내가 조금 자유로워지는 날이다.

딸의 눈으로
나를 들여다보다

워킹맘이 아이에게 갖는 애틋함은 누가 봐도 안타깝다. 코로나 팬데믹으로 인해 돌봄 공백을 메우고자 고군분투하는 것을 보면 개인의 문제를 넘어 우리 사회가 책임져야 할 필요가 있다고 느껴진다. 워즈워스가 〈무지개〉에서 "아이는 어른의 아버지"라고 노래한 것처럼 아이의 눈을 통해 볼 때 더욱 분명히 드러나는 어른의 진실이 있다. 나 또한 딸의 눈으로 나를 들여다본 글을 통해 나의 삶이 어떤 무게를 지니고 있는지 되돌아보게 되었다.

사람에게도 몰입이 필요하다

몰입은 일에도 필요하지만 사람에게도 필요하다. 나는 워킹맘으로 늘 시간이 부족해 발을 동동 구르면서 살았다. 24시간이 부족했다. 이 또한 아이와 있을 때는 아이에게만 몰입을 하는 엄마로 나의 부족한 시간을 해결해보려고 노력했었다. 아이는 부모의 거울이라고 한다. 딸아이가 글짓기 대회에서 수상한 글이다. 시간을 같이 많이 보내지 못한 그 시절의 엄마를 이해하려고 노력하는 딸아이의 마음이 서글펐다. 지금도 엄마가 롤 모델이고 존경하는 인물을 물으면 서슴지 않고 엄마라고 답하는 딸이다. 나는 오히려 딸에게서 그렇게 치열한 날들이 있었기에 오늘의 내가 있는 거라고 늘 위로받는다.

어머니, 나의 어머니

어머니, 나의 어머니

○○ 중학교 ○○○

학교를 마치고 집으로 달려와 현관문을 박차고 뛰어들어오며 부르고 싶은 말, "어머니". 어렸을 때는, 철이 없었을 때는 그러하였습니다. 학교에서 힘들게 보내고 온 하루, 상장을 받았을 때, 선생님께 꾸중을 들었을 때는 더욱 그러하였습니다.

엄마가 "○○아, 학교 다녀왔니?"라고 말씀 한마디 하시면 저의 마음은 눈이 녹듯이 사르르 녹아버릴 것만 같았습니다. 하지만 현실은 그렇게 쉽지 않았습니다. 저희 부모님께서는 맞벌이를 하시느라 시간이 없었습니다. 어쩌다가 두 분께서 일이 많으셔서 새벽에야 들어오실 때는 무척이나 외로웠습니다.

지금 와서 생각해보니 제가 철이 없었고, 엄마를 이해해 주지 않은 것 같아 죄송스럽습니다. 엄마는 힘들고 지치지만 저를 위해서 몸을 사리지 않고 일을 하시는데……. 저는 불효녀인가 봅니다. 이러한 불효녀를 포근히 안아주시고 보듬어주시는 우리 엄마.

지금도 생각이 납니다. 엄마와 함께 안방 침대에 누워 이야기하던, 제가 초등학교 2학년 때 일을 말입니다. 그날 저는 저의 친한 반 친구, 태희네 집에 갔었습니다. 태희 엄마께서는 갓 구운 빵을 주시면서 태희의 숙제와 준비물 챙기는 것을 도와주셨고, 저는 너무 부러웠습니다.

그 일을 엄마에게 이야기했을 때, 엄마의 두 눈은 뿌연 안개로 뒤덮여 있었습니다. 그때는 엄마가 왜 그러한 반응을 보이셨는지 잘 몰랐지만 이제 와서 생각해보니 제 자신이 미워졌습니다. 엄마는 그때 무슨 생각을 하셨을까요? 그 이후 엄마는 그 일을 잊을 수 없었나 봅니다. 가끔씩, 저에게 "엄마가 집에 있었으면 좋겠니?"라고 물어보십니다. 그럴 때마다 저는 2학년 때 왜 그러한 말을 했을까 후회하며, 아니라고 말하곤 합니다. 엄마는 이러한 저의 마음을 읽으셨는지, 언제나 "엄마는 ○○이가 있어서 행복해", "○○아, 엄마가 ○○이 사랑하는 거 알지?"라고 말씀하시면서 웃음을 지어보이십니다.

이제 저도 많이 컸고 중1이 되었습니다. 학교에서 행사가 있으면 늘 엄마가 걱정하실까 봐 "엄마, 안 와도 괜찮아, 안 오는 엄마들도 많아"라고 버릇처럼 말하게 됩니다. 얼마 전 학교 축제에서 대표로 공연을 하게 되었습니다. 평일이었고, 엄마는 중요한 회의가 있어서 못 오신다고 하셨습니다. 혹시라도 엄마가 못 오시는 걸 속상해하실까 봐 저는 안 오셔도 된다고 미리 말씀드렸습니다. 몇 주 동안 정말 열심히 연습했고 선생님께서 제가 제일 잘한다고 칭찬해주셨기 때문에 엄마에게 꼭 보여드리고 싶은 마음이 있었지만, 혹시라도 엄마가 못 오시는 걸 속상해하실까 봐 그렇게 말했습니다.

그랬습니다. 저희 엄마는 회사 일로 바쁘셔서 저와 같이 많은 시간을 보내시지는 못했습니다. 그리고 학교에서 부모님을 초청하는 중요한 행사가 있을 때도 오실 때보다는 못 오실 때가 훨씬 많았습니다. 어렸을 때는 그게 많이 속상하기도 하였습니다. 하지만 저는 압니다. 엄마가 저를 너무나 많이 사랑하고 있다는 것을. 엄마의 마음은 항상 저에게 전해집니다. 항상 엄마는 저에게 최선을 다하시기 때문입니다.

비록 집에 계시는 엄마들만큼 저와 많은 시간을 보내지는 못하시지만, 친한 친구와 싸워서 속상했을 때, 제가 수학 성적이 안 나와서 고민할 때, 친구들의 신세대 패션을 부러워할 때, 꿈을 정하지 못해서 고민할 때, 엄마는 항상 나의 해결사였고 제가 바르게 생각할 수 있도록 지켜봐주셨습니다.

지난 일요일엔 엄마랑 올림픽공원에 갔었습니다. 노란 은행잎과 빨간 단풍잎, 어느새 가을은 성큼 우리 곁으로 다가와 있었습니다.

회사에서는 회사 일에 최선을 다하시고, 저와 시간을 보내실 때는, 세상에 엄마와 저, 단 둘만 있는 듯이 저에게 최선을 다하시는 우리 엄마. 같이 보내는 시간의 많고 적음이 중요한 것이 아니었습니다.

저도 수업 시간에도, 학원에 가서도, 학교 축제 공연 연습을 할 때도, 친구들과 놀 때도 항상 최선을 다하게 됩니다. 왜냐하면 저는 우리 엄마 딸이니까요.

스트레스

적절히 관리하면 도움이 되는 힘

나는 나 자신으로서
충분히 괜찮은 사람이다

　인생 전반에서 우리는 크고 작은 스트레스에 직면한다. 정도의 차이는 있겠지만, 스트레스 없이 직장 생활을 하는 사람은 거의 없을 것이다. 아무리 즐겁고 하고 싶은 일을 하는 사람도 늘 즐거울 수는 없는 법이다. 이런 이유로 스트레스는 인생을 살면서 특별한 것이 아닌 당연한 것이 되어버린다. 또 경우에 따라서는 스트레스가 주는 단어 때문에 무조건 이를 피해야 하는 것이라고 생각하기도 한다. 나는 스트레스에 민감한 사람인가 둔감한 사람인가?

　스트레스는 살면서 당연히 받아야 하는 것도 아니고 꼭 피해야만 하는 것도 아니다. 스트레스가 주는 긍정적인 요소는 적극 활용하고 부정적인 요소는 적극 관리해야 한다. 그러기 위해서 먼저 나의 상태를 알아차려야 한다. 내가 이것을 어떻게 받아들이고 있는지가 중요하다. 사람에 따라 같은 상황에서 느끼는 스트레스의 강도는 다 다르다. 어떤 사람은 똑같은 상황에서 행복을 느끼고 어떤 사람은 불행을 느끼기도 한다. 내가 가지고 있는 삶의 기준을 바탕으로 나 자신을 자세히 들여다보는 것이 중요하다.

스트레스는 긍정적인 효과와 부정적인 효과가 있다

심리학 용어 사전에는 스트레스를 '인간이 심리적 혹은 신체적으로 감당하기 어려운 상황에 처했을 때 느끼는 불안과 위협의 감정'이라고 정의하고 있다. 스트레스를 받는 순간 우리 인체에서는 코르티솔이라는 호르몬이 분비된다. 스트레스 반응에 코르티솔이 분비되지 않는다면 스트레스 때문에 상한 몸과 마음이 회복되지 못하고 계속 스트레스 상태에 놓여 있게 되고 많은 정신적 질환이 생겨날 것이다. 그런데 스트레스를 받는 상황이 계속되면 과도한 코르티솔로 인해 부작용이 생기게 된다. 암 발병률을 높이고 면역력까지 영향을 미치게 된다.

스트레스는 긍정적인 요소와 부정적인 요소를 모두 가지고 있다. 중요한 발표를 앞두고 긴장하는 것, 자신의 성장을 위해 나 자신과 한 약속을 지키기 위해 노력하는 것. 이런 스트레스들은 긍정적인 스트레스다. 대체로 내가 나에게 주는 스트레스는 능동적인 스트레스로 나의 성장을 위한 스트레스가 된다. 반면에 타인이 나에게 주는 스트레스도 있다. 이것들을 되도록 긍정적으로 받아들이려는 노력이 필요하다. 스트레스가 부정적으로 발휘되고 지속적이 되면 우리의 몸과 마음에 심각한 해를 끼칠 수 있기 때문이다. 이런 경우라면 적절한 관리를 통해 스트레스를 줄이고 우리의 몸과 마음을 건강하게 유지할 수 있는 방법을 적극적으로 찾아야 한다.

미국의 경영전문가 사이먼 사이넥은 말했다.

> "우리가 중요하게 생각하지 않는 무언가를 위해 열심히 일하는 것은 스트레스라고 하고, 우리가 사랑하는 무언가를 위해 일하는 것은 열정이라고 한다."

스트레스도 결국 우리의 생각에 달려 있다. 내가 하는 일에 대해 의미를 깨닫고 인생에서 중요한 일을 하고 있다면 스트레스로 고민할 일은 없을 것이다. 매일매일 실력을 쌓아가면서 성장의 기쁨과 일의 즐거움을 느낀다면 내가 하는 일이 스트레스로 가득하지는 않을 것이다. 중요한 것은 내가 어떻게 받아들이느냐이다.

행복과 불행을 느끼는 기준은 사람마다 다르다

같은 상황에서도 어떤 사람은 행복하다고 느끼고 어떤 사람은 불행하다고 느낀다. 마크 맨션의 《신경끄기의 기술》에서는 같은 상황을 전혀 다르게 해석한 두 사람의 이야기가 있다. 한 명은 비틀즈의 전 멤버 피트 베스트이고 다른 한 명은 메탈리카 밴드의 전 멤버 데이브 머스테인이다. 두 사람은 자신들이 몸담았던 밴드에서 똑같이 쫓겨났다. 비틀즈에서 쫓겨난 피트 베스트는 처음에는 힘든 인생을 살았다. 사람들로부터 별다른 주목을 받지도 못했다. 하지만 시간이 흘러 그는 오히려 비틀즈에서 쫓겨난 것이 다행이었다고 말한다. 비틀즈에서 쫓겨나서 행복한 가족, 결혼생활, 단순한 삶을 얻었고 이것들이 그를 행복하게 만들었다.

반대로 메탈리카에서 쫓겨난 머스테인은 메탈리카만큼의 명성을 얻지는 못했지만 전설적인 헤비메탈 밴드 메가데스를 결성하여 큰 성공을 이룬다. 하지만 그의 기준은 늘 '자신이 쫓겨난 밴드인 메탈리카와 비교해 얼마만큼 성공했는가?' 하는 것이었다. 그는 많은 돈을 벌었고 그를 좋아하는 팬들도 많았지만 자신을 실패자로 평가했다. 이처럼 비슷한 삶이지만 자신의 삶에 대한 가치관, 평가의 기준이 다름으로 인해 행복한 인생과 불행한 인생으로 나뉨을 알 수 있다. 우리의 인생 전체를 놓고 행복한 삶을 위해서 올바른 가치관의 형성이 무엇보다 중요함을 다시 한 번 깨닫게 된다.

《신경끄기의 기술》에서도 자기 인식의 중요성을 이야기한다. 자기 인식은 양파와 같아서 그 껍질 층들을 벗겨나가다 보면 내가 몰랐던 나의 감정을 알게 된다고 한다. 자기 인식에는 세 가지 단계가 있다고 말한다. 내가 언제 어떤 감정을 느끼는지를 인식하는 것, 왜 그러한 감정을 느끼는지를 묻는 것, 그리고 마지막 단계는 나의 가치관에 근거해 나를 어떻게 평가하는지에 대한 것이다.

자기 인식을 하는 첫 번째 단계는 내가 어떨 때 행복한지, 내가 어떨 때 슬픈지, 내가 어떨 때 희망을 느끼는지를 아는 것이라고 이야기한다. '나는 이럴 때 행복해', '나는 이럴 때 기뻐' 등과 같다. 두 번째 단계는 그러한 감정을 왜 느끼는지를 묻는 능력이라고 말한다. '나는 왜 화가 날까?', '나는 왜 슬플까?', '목표를 이루지 못해서일까?' 등과 같이 나의 감정이 왜 그런지를 아는 것이다. 세 번째 단계는 개인의 가치관과 연결되어 있다. '나는 왜 이것을 성공으로 생각하는지?', '나는 나 자신과 주변사람들을 어떤 기준으로 평가하고 있는지?' 등이다. 개인의 가치관은 개인의 생각과 행동을 지배함으로써 개인과 타인을 평가하는 기준이 된다. 올바른 가치관을 확립하는 것이 무엇보다 중요하다.

나를 제대로 들여다보는 연습이 필요하다. 내가 느끼는 감정과 왜 그런 감정을 느끼는지 내가 생각하는 성공은 어떤 것인지에 대해서. 내가 느끼는 긍정적인 감정과 부정적인 감정을 모두 자세히 봐야 한다. 나는 지금 어떤 상태인가? 긍정적인 자아감을 형성하는 것도 중요하지만 나의 부정적인 부분을 똑바로 보는 것도 중요하다. 내가 느끼는 감정, 나의 건강 상태, 사람들과의 관계에서 느끼는 감정, 일에서 느끼는 스트레스 등을 자세히 살피고 부정적인 생각이 든다면 그 원인을 찾고 이를 해결하려는 노력을 해야 한다. 내 삶에, 나의 일에 문제가 있다면 이를 회피하지 말고 정면으로 마주해야 한다. 자존감이 높은 사람들은 자신들의 긍정적인 면뿐만 아니라 부정적인 면도 있는 그대로 볼 수 있는 사람들이라고 한다.

다른 사람들이 나를 어떻게 생각하느냐보다 내가 나를 어떻게 생각하는지에 더 집중해야 한다. 내가 설정해놓은 기준에 부합하고 있는지, 노력하는 인생을 살고 있는지, 나에 대해 가장 잘 아는 사람은 나 자신이다. 나를 잘 모르는 사람들, 나의 겉모습만을 보는 사람들의 평가나 인정에 목맬 필요는 없다. 타인과의 소모적인 비교를 통해 굳이 자신을 불행으로 몰고 갈 이유도 없다. 나는 나 자신으로써 충분히 괜찮은 사람이다. 매일매일의 삶 속에서 어제보다 나은 내가 되는 삶을 사는 것이 보다 중요하다.

일에서 의미를 찾고 긍정적으로 생각하는 것이 스트레스를 줄이는 데 도움이 된다. 긍정적이고 능동적인 스트레스는 우리의 성장을 위해 꼭 필요한 요소이기도 하다. 스트레스를 무조건 좋은 것으로 생각하거나 무조건 나쁜 것으로 이분법적으로 생각할 일은 아니다. 우리의 성장이나 발전에 긍정적인 요소는 활용하고 부정적인 요소는 적극적인 관리를 통해 우리의 몸과 마음을 건강하게 하는 것이 중요하다. 일반적으로 우리가 스트레스에 취약해지는 경우는 새로운 상황이거나 불확실하거나 우리의 통제를 벗어난 상황일 경우이다. 새로운 상황에서는 성장의 기회가 있기도 한다. 이런 상황을 모두 피하면서 살 수는 없다. 적극적이고 긍정적인 마음으로 이러한 상황을 잘 받아들이려는 노력이 필요하다.

일과 삶의 균형을
일과 삶의 통합으로 전환하기

'워라밸'이 많은 젊은이들에게 각광을 받고 있지만 진정한 워라밸이 무엇인지에 대한 고민은 깊지 않은 것 같다. 러시아의 대문호 레프 톨스토이는 말했다. "일과 오락이 규칙적으로 교대하면서 서로 조화가 이루어진다면 생활은 즐거운 것이 된다. 그러나 어떤 특정한 일이나 오락만으로는 그렇게 될 수 없다." 그리고 중국의 사상가 노자는 이렇게 말했다. "삶의 달인은 일과 놀이, 회사와 집, 몸과 마음, 교육과 오락, 사랑과 종교에 구별을 두지 않는다. 무슨 일을 하든 그 길에서 가장 탁월한 것을 추구한다. 일인가 놀이인가는 달인의 주변에서 정할 뿐이다. 달인에게는 일이기도 하고 놀이기도 하다."

워크 라이프 밸런스에서 밸런스라는 의미가 주는 균형, 평형이라는 단어의 느낌은 양팔저울의 양팔에 일과 개인 생활을 각각 올려두고 균형을 맞추는 것과 같은 그림이 연상된다. 마치 한 치의 오차도 없이 50대50의 균형을 유지해야 워라밸이 되고 스트레스 없는 삶을 사는 것과 같은 생각이 들게 한다. 그런데 일과 개인 생활은 꼭 그렇게 균형을 맞춰야 하는 경쟁관계가 아니다. 둘 중 하나를 선택해야 하는 양자택일의 문제도 아니다. 오히려 일과 개인 생활을 통합적으로 보는 시각이 바람직하다.

나는 진정한 워크 라이프 밸런스가 가지는 의미를 세 가지로 해석한다. 첫째, 일과 개인 생활, 둘 중 하나를 선택해야 하는 관점이 아니라 통합의 관점에서 바라보는 것이다. 둘째, 일과 개인 생활은 서로 영향을 주고받는다. 일과 개인 생활 두 가지가 모두 만족스러워야 삶의 질이 높아진다. 셋째, 일과 개인 생활을 명확하게 구분지을 수는 없다. 휴식이라고 해서 일에 대해 모든 것을 다 꺼버려야 진정한 휴식인 것은 아니다. 나만의 휴식 스타일을 찾는 것이 중요하다.

일과 개인 생활을 같은 비율로 반드시 분리해야 한다는 강박관념이 오히려 스트레스를 줄 수 있다. 또 휴식은 일을 완전히 배제한 상태에서 취해야 하는 것은 아니다. 굳이 휴식 중에 떠오르는 일에 대한 생각을 애써 지우려 노력할 필요는 없다. 자연스럽게 떠오르는 생각은 물 흐르듯이 흘러가게 두면 된다.

진정한 워라밸은 전체 생애 주기에서 조화를 이루는 것이다

일과 개인 생활의 균형은 단기적 관점에서 생각할 일은 아니다. 매일매일의 생활에서 나에게 주어진 24시간을 칼로 무 자르듯이 잘라서 양쪽을 균형 있게 나누는 것은 어렵다. 회사에서 보내는 하루 8시간은 일에, 이후 시간은 개인 생활에 치중한다는 생각으로 이를 꼭 지키려다 보면 오히려 이러한 생각이 강박관념으로 발전할 수도 있다. 하버드 대학교 심리학과 교수 대니얼 웨그너 교수는 '사고 억제의 역설적 효과Paradoxical effects of Thoughts Supression'를 이야기했다. 이는 특정한 생각을 떠올리지 않으려고 노력할수록 오히려 그러한 노력을 하지 않았을 때보다 더욱 그 생각에 집착하게 되는 역설적인 효과가 나타나는 것을 말한다.

워크 라이프 밸런스는 장기적인 관점의 조화로 보는 것이 바람직하다. 길고도 긴 우리의 인생 주기에서는 일에 좀 더 치중해야 할 때와 개인 생활에 좀 더 치중해야 할 때가 있다. 신입사원으로 회사에 입사했을 때 새로운 환경에 적응도 해야 하고 일도 배워야 한다. 이때는 어느 정도 일에 익숙해지고 자신감이 생길 때까지 일에 집중하는 태도가 필요하다. 이직을 했을 때, 중요한 프로젝트를 맡았을 때도 마찬가지이다. 반대로, 가정에 중요한 일이 있거나 아이의 출산 육아 등의 문제로 개인 생활에 좀 더 집중해야 할 때가 있다. 이 경우에는 일보다는 개인 생활에 좀 더 집중하는 태도가 필요하다. 개인 생활에서도 시기를 놓치면 다시 되돌리기 힘든 때가 있기 때문이다.

일과 개인 생활의 균형은 장기적인 관점에서의 조화를 생각해야 한다. 일에 치중해야 할 때 개인 생활에 치중하느라 그 기간을 잘 보내지 못하면 문제가 된다. 일을 잘 배워야 할 때 제대로 배우지 못하면 일에 대한 자신감이 떨어지고 직장에서의 스트레스 원인이 될 수 있다. 일을 배우는 기간이 길어질수록 스트레스를 받는 기간이 길어진다. 개인 생활에 중요한 문제가 생겨서 개인 생활에 집중해야 할 때 이를 어렵게 한다. 매일매일 지속적인 워라밸을 추구할 것이 아니라 어느 정도 일에 대해 충분한 자신감을 쌓을 때까지는 일에 더 치중하여 개인 생활에 집중해야 할 때 문제가 없게 만드는 것이 중요하다.

인생의 긴 주기에서 어느 특정 기간 동안에는 보다 더 중요하게 여겨지는 것에 치중할 수밖에 없다. 우리가 처한 상황에 따라 일과 개인 생활 어느 한쪽에 시간과 노력을 좀 더 집중해야 할 경우는 반드시 생긴다. 그럴 때를 대비해서 일에서도 개인 생활에서도 기본기를 닦아 두는 것이 중요하다. 어느 한쪽에 조금 더 집중을 하더라도 다른 한쪽에 문제가 생기지 않도록 평소에 업무를 제대로 익히고 가족관계도 신뢰를 바탕으로 좋은 관계를 유지하는 것이 필요하다.

일을 잘해야 개인 생활도 잘 즐길 수 있다

일에서 의미를 찾고, 성과를 내고, 회사에서 칭찬을 받고, 모든 일이 잘된다면 즐거운 회사 생활을 할 수 있다. 자존감을 잃지 않으면서 일을 할 수 있을 것이다. 이렇게 일에 대한 자신감이 생긴다면 개인 생활도 제대로 즐길 수 있게 된다. 반면에 일에 대한 불안감이나 스트레스가 심하면 개인 생활도 제대로 즐기기 어렵다. 우리는 가끔 상반된 두 개가 마치 독립적으로 돌아가는 것처럼 착각을 하는 경우가 있다. 논리 영역을 담당하는 좌뇌와 감성 영역을 담당하는 우뇌는 각각 따로 기능을 할 수 있는 것은 아니다. 좌뇌와 우뇌는 각각 하는 기능은 다르지만 두 개가 완전히 독립적으로 일을 하는 것이 아니라 서로 영향을 주고받는다. 마찬가지로 일과 개인 생활도 서로 영향을 주고받는다.

직장에서의 일이 행복하지 않은데 개인 생활이 행복할 수 없다. 반대도 마찬가지다. 개인 생활에 문제가 있는데 직장 생활이 만족스러울 수 없다. 그래서 워크 라이프 밸런스보다는 워크 라이프 인티그레이션Work-Life Integration으로 생각을 해야 한다. 일과 삶을 양팔저울 위에서 균형의 관점이 아니라 전체 삶에서의 통합과 조화로 바라보아야 한다. 일과 삶의 영역이 완전히 분리될 수 없다는 것을 깨닫고 서로 영향을 주고받음을 인정하고 두 영역에서 모두 즐거움과 행복감을 얻도록 노력해야 한다.

의욕과 열정이 충만한 직장 생활 2년 차인 멘티 한 명이 있다. 직장 생활을 시작한 첫 해에는 익숙하지 않은 사회생활, 새로운 업무, 낯선 환경으로 많이 힘들어했다. 입사 후 몇 달 만에 조직 개편으로 팀이 바뀌기까지 하면서 멘티의 긴장감은 한층 커졌다. 새로 만난 팀장은 회사에서도 이름난 분이셨다. 일에 대한 기준과 기대수준이 높았다. 신입사원이니까 봐주는 것은 없었다. 오히려 신입사원이니까 다른 선배 사원들보다 훨씬 더 열심히 해야 한다고 강조했다. 사소한 회사 업무의 변동에 대해서도 멘티에게 질문을 자주해서 알고 있는지를 확인했다. 멘티는 몇 달 동안은 아주 힘들어했다. 퇴근 후에도 회사 걱정에 편히 쉴 수가 없었다. 쉬어도 쉬는 것 같지가 않았다.

그런데 몇 달이 지나면서 팀장도 멘티의 적극성과 열정을 알게 되었다. 업무 습득도 빠르고, 정량적 성과에서도 다른 선배 사원들과 격차를 만들었다. 팀장과 주변사람들은 점차 멘티를 신뢰하게 되었다. 그는 조직의 많은 사람들이 인정하는 직원이 되었다. 그는 이제 입사 2년차이지만 회사에서 신화를 쓰고 있다. 주변사람들의 신뢰를 받고 업무에 대한 자신감이 늘어나면서 회사 생활도 행복해졌다. 업무에 자신감이 생긴 그는 회사에서 본인의 의견도 당당하게 이야기한다. 업무에 대한 스트레스가 아예 없는 것은 아니지만, 이를 관리하는 방법도 차츰 터득해가고 있다. 당연히 퇴근 후의 생활도 즐겁다.

휴식을 취할 때 스위치를 꼭 꺼야 하는 것은 아니다

"I'll be off tomorrow."

글로벌 회사에서 근무할 때 관련 직원들에게 내일 휴가 간다고 메일을 보낼 때 늘 쓰는 문구였다. 나는 이 문구를 쓸 때마다 과연 내가 스위치를 제대로 끌 수 있을 것인가 반신반의했다. 나는 일에 있어서 관성의 법칙이 크게 작용하는 사람이다. 좀처럼 한 가지 생각에서 빠져 나오지를 못한다. 한 가지 일에 집중하면 계속 그 생각을 하게 된다. 집에서도 휴가를 가서도 문득문득 생각하다가 갑자기 문제를 해결할 만한 해결책이 떠오르기도 한다.

한 가지에서 다른 한 가지로 생각을 바꾸는 데 스위칭 코스트(전환 비용)가 별로 안 든다. 자유롭게 왔다 갔다 한다. 그것이 내가 일을 하면서 깨달은 나의 스타일이다. 일과 삶(휴식)을 통합의 관점에서 바라보면 특별히 이를 분리할 필요가 없다. 다른 영역을 자유롭게 넘나들 수도 있어야 한다. 코로나19로 인해 재택근무가 활성화되는 등 근무환경이 유연해지고 있다. 보다 통합적인 관점으로 두 영역간의 자유로운 넘나듦을 인정하는 것, 이것이 나에게는 진정한 워크 라이프 인티그레이션이다.

첫 직장에서 나의 주변사람들은 나를 워크 온 디맨드Work-On-Demand라고 불렀다. 그 당시 IBM은 온 디맨드 컴퓨팅On-Demand Computing이라는 용어로 정보자원을 쓰는 만큼만 사용량 기준으로 과금을 하는 정책을 발표했다. IT 업계에서는 유틸리티 컴퓨팅Utility Computing이라고도 불리운다. 수도요금처럼 수도꼭지를 틀면 바로 물이 나오고 미터기에 표시된 사용량만큼의 금액을 지불하는 것과 같은 개념이다. 나의 별명 워크 온 디맨드는 온 디맨드 컴퓨팅에서 따온 것이었다. 언제 어디서든 필요할 때마다 일에 대한 결과물이 톡톡 튀어나온다는 의미였다. 24시간 일하는 것 아니냐고 묻는 분도 있었다. 내가 24시간 일을 했던 것은 아니다. 일과 휴식 사이에 자유자재로 스위칭이 가능했다. 나에게는 휴식 중에 일을 생각하는 것이 그리 스트레스를 주는 일이 아니다.

휴식을 취하는 방식은 사람마다 다르다. 동료 중에는 일주일이나 이 주일씩 스위치를 끄고 멀리 해외여행을 다녀오는 사람들도 많았다. 일에서 떨어져 몸과 마음을 휴식하고 힐링하는 시간을 갖고 재충전을 통해 다시 일에 전념하는 분들도 많다. 사람마다 각자의 성향이 있다. 나에게 가장 잘 맞는 휴식의 방식을 찾는 것이 중요하다. 지금과 같이 코로나19로 인해 재택근무가 확산되고 있는 상황에서는 나와 같이 온오프를 자유자재로 넘나드는 것도 일과 생활을 보다 효율적으로 하는 방법이 될 것이다.

일과 개인 생활은 우리 삶의 중요한 두 가지 영역이다. 일과 개인 생활은 조화와 통합의 관점에서 생각해야 한다. 일과 개인 생활이 서로 영향을 주고받음을 인지한다. 개인 생활이 행복하려면 직장에서 일하는 시간이 만족스러워야 한다. 반대도 마찬가지이다. 긴 인생에서 장기적인 관점으로 일과 개인 생활 중 어느 시기에 어디에 좀 더 집중할지를 계획한다. 휴식을 취하는 데 반드시 일에 대해 스위치를 꺼야 하는 것은 아니다. 나만의 휴식 스타일을 찾아가면 된다.

너와 나의 의견이
다름을 인정하자

사적인 일이건 공적인 일이건 의견 충돌이 있을 때 최악의 상황은 각각의 의견보다 말하는 방식을 문제 삼을 때이다. 견해가 엇갈린다고 생각하지 않고 자신을 공격한다고 감정적으로 받아들이는 것이다. 이때에는 일과 감정을 분리할 필요가 있다.

일과 감정을 분리한다는 것의 의미는 상대방이 하는 말을 일단 받아들인다는 뜻이다. 그리고 자신과 그 상황을 객관화해서 본다. 개인적인 공격으로 받아들이지 않고 내가 개선해야 할 것을 찾는다. 내가 실수하거나 잘못한 것이 있다면 이를 인정한다. 상대방의 입장을 이해하려고 노력한다. 다른 사람을 바꾸려고 시도하지 않는다. 의견이 다른 것을 확대 해석해서 사람의 문제로 생각하지 않는다. 우리가 다른 것은 의견이다. 나는 맞고 너는 틀리다라는 생각을 하지 않는다.

회의에서 의견이 사람에 대한 공격으로 흘러가면 멈춤이 필요하다

새로 맡은 조직에는 대형 트러블 프로젝트가 너무 많았다. 원인 분석을 명확히 하고 재발을 방지할 수 있는 방안을 만들어야 했다. 더 이상 트러블 프로젝트가 생기지 않도록 사전 영업 단계에서부터 해야 할 일들을 프로세스화하는 것이 급선무였다.

그런데 트러블 프로젝트를 없애기 위해서는 내가 맡은 조직의 개선도 필요했지만 같이 일하는 영업조직과 협업을 해야 가능한 일이었다. 그래서 영업 조직과 같이하는 팀장급 이상 전체 회의에서 이 안건을 이야기하기로 했다. 개별 프로젝트에 대해 왜 트러블 프로젝트가 되었는지에 대한 원인을 먼저 설명했다. 다음에는 어떻게 하면 트러블 프로젝트가 되는 것을 막을 수 있을지에 대한 개선 방안을 이야기했다. 그리고 앞으로의 비즈니스 관리방안까지 이어졌다.

그런데 회의가 순조롭지 못했다. 우리 조직의 발표내용이 트러블 프로젝트를 직접 계약한 영업조직을 불편하게 만든 것이었다. 발표가 끝나고 몇 번의 질문과 답변을 서로 주고받았다. 우리는 트러블 프로젝트를 객관적으로 분석했고 이에 대한 개선 방안을 이야기하고 싶었다. 개선이 되지 않으면 트러블 프로젝트는 점점 더 많이 늘어나게 될 것이다. 누적된 트러블 프로젝트는 일을 하는 직원들의 정신적·육체적 부담을 가중시킨다. 또 회사 재무구조를 취약하게 만들

가능성이 커진다. 회의에서 다른 조직을 비난하고자 하는 의도는 없었다. 하지만 나의 의도와는 다르게 회의가 격하게 진행되었다. 마침내 상대방 조직이 사람에 대한 비방으로 이어갔다. 나는 그때 상대방이 우리의 발표 내용을 객관적으로 받아들이지 않고 자신에 대한 공격으로 생각한다는 것을 깨달았다.

더 이상 그 자리에서 논의는 의미가 없다고 생각했다. 감정은 이야기할수록 더 격해질 것이니까. 나는 더 논의할 부분은 따로 이야기하는 것이 좋겠다고 말하고 급하게 마무리를 지었다. 사실 상대 조직이 발표내용에 대해 민감하게 반응할지도 모른다는 생각에 발표 자료를 최대한 객관적으로 만들려고 노력했었다. 그래서 향후 개선방향에 더 중점을 두어 발표를 했었다. 그런데 나의 생각만큼 잘 받아들여지지가 않았다.

일은 일로서 받아들이는 것이 중요하다. 이슈에 대해 논의를 하는 자리라 하더라도 그 이슈 자체에 집중하고 해결책을 고민하는 노력이 필요하다. 사람에 대한 공격으로 확대되면 더 이상 회의는 의미 없는 감정싸움이 되어버린다. 그때는 과감하게 멈춤을 해야 한다. 회의도 감정적으로 흘러가는 내 마음도.

고객과의 협상에서도 일을 일 자체로 바라보는 것이 중요하다

프로젝트 마무리를 앞두고 모두들 분주했다. 고객들이 기대하는 눈높이와 우리가 제공하는 산출물 간의 갭이 문제였다. 고객들의 눈높이는 많이 높았고 우리가 제공하는 산출물은 고객들의 기대수준을 맞출 만큼 훌륭하지 못했다. 나는 프로젝트의 이러한 문제점을 해결하기 위해 뒤늦게 프로젝트에 합류하여 프로젝트 전체 총괄을 맡고 있었다. 일주일 단위로 산출물을 고객에게 설명하고 고객들로부터 피드백을 듣는 회의를 진행했다. 큰 회의실에서 고객사의 대표들과 우리 회사 프로젝트 팀원들이 함께 참석하는 미팅이었다.

그날도 전체 회의를 진행하고 있었다. 산출물에 대해 우리 회사 담당 직원들이 돌아가면서 설명을 했고 그에 따른 고객 피드백이 이어졌다. 고객들은 질문을 하는 경우도 있었고 보완이나 수정을 요구하는 경우도 있었다. 고객 이야기에 하나씩 응대를 하고 보완이 필요한 부분은 보완하겠다는 답변을 이어갔다. 거의 마무리가 되어갈 무렵이었다. 그때까지 가만히 듣고 있던 고객 한 사람이 이야기를 시작했다.

그 고객이 낸 의견 중에는 앞서 논의되었던 내용들과 상충되는 부분이 있었다. 물론 새로운 이야기도 있었다. 고객의 이야기가 잘 맞지 않는 부분은 최대한 정중하게 사실과 의견을 이야기했다. 이야기를 하는 과정에서 고객의 목소리가 조금씩 높아졌다. 고객이 본인 이야기에 너무 감정이입을 하는 것이 보였다. 많은 사람들이 지켜보고 있는 자리이다 보니 자신의 의견을 꼭 관철시켜야 한다는 자존심과 압박감도 있어 보였다.

계속되는 그 고객의 감정적인 발언으로 회의장 분위기가 험악해졌다. 회의에서 논의된 내용을 서둘러 정리하고 미팅을 끝냈다. 미팅이 끝나고 미팅에 같이 참석했던 고객 상무님이 직원의 언행에 대해 미안하다는 말을 나에게 따로 전해왔다. 프로젝트에 같이 참여한 우리 회사의 다른 팀 직원 한 명이 나에게 한 말도 기억에 남는다.

"지금까지 고객에게는 무조건 다 'YES'를 해야 하는 것으로 생각했는데, 이번 미팅에서 의견을 흔들림 없이 이야기하는 것을 보고 놀랐습니다. 의견이 다른 것에 대해서는 고객에게라도 논리적으로 이야기할 수 있어야 한다는 것을 배웠네요."

나는 거의 30년 동안을 ICT 전문가로 일을 해왔다. 제안 단계부터 컨설팅, 딜리버리까지 수많은 고객들을 만났었다. 그 과정에서 나는 항상 고객 가치를 실현하는 '을乙'로서 일을 했다. 다양한 고객들을 만났고 수많은 고객들의 요구사항과 이슈들을 해결했다. 그런 경험들이 쌓이면서 중요한 이슈에 부딪쳤을 때 일 자체만을 놓고 생각하는 사고를 하는 것이 점점 익숙해졌다. 고객의 입장을 이해하고 고객이 왜 그러한 요구를 하는지, 고객의 숨은 뜻을 파악하려고 노력한다. 그리고 거기에 맞게 해결점을 제시한다. 어려운 것은 솔직하게 어렵다고 이야기한다. 덧붙여 왜 그것이 어려운지를 자세히 설명한다.

회의를 하든 협상을 하든 어떤 경우에도 우리는 의견에 집중해야 한다. 너와 나의 의견이 다를 수 있다는 것을 항상 인정해야 한다. 상대방이 하는 말에 대해서는 일단 받아들임이 필요하다. 그리고 그것이 나의 책임이고 나의 실수라면 그 일에 대해 잘못을 인정하는 태도가 필요하다. 우리는 모두 실수를 하고 결점이 있는 인간이다. 완벽할 수는 없지 않은가. 잘못을 인정하고 그것을 어떻게 개선할 것인지에 초점을 맞추면 된다. 혹시라도 상대방이 감정적으로 대응한다 하더라도 우리는 늘 객관적인 자세를 잃어서는 안 된다.

기대 수준의 차이를
어떻게 극복할 것인가?

국내에 패밀리 레스토랑이 막 도입되었을 때 주문을 받는 직원의 자세가 고객들에게 깊은 인상을 주었다. 자세를 낮춰 고객과 눈높이를 맞춘 것이다. 고객이 의자에 앉아 고개를 들고 주문하지 않아도 되니 편안하게 주문할 수 있었다. 이렇듯 물리적인 눈높이를 맞추는 것부터 심리적인 눈높이까지 모든 사람과의 관계에서 눈높이를 맞추는 것은 중요한 일이다. 가족 관계에서도 그렇고 직장에서 일을 하면서 만나는 많은 사람들, 고객들과도 그렇다.

갈등은 상대방과의 눈높이가 잘 맞지 않을 때 시작된다. 우리 인간은 기대하는 바가 있고 결과가 기대하는 바에 미치지 못하면 더 섭섭해지는 법이다. 100을 기대했는데 50의 결과가 나온 경우, 50을 기대했는데 50이 나온 경우, 0을 기대했는데 50이 나온 경우, 결과는 같은 50이지만 받아들이는 입장은 다를 것이다. 기대가 크면 실망이 더 큰 법이다. 상대가 기대하는 대로 100의 결과를 줄 수 있으면 좋겠지만 50밖에 할 수 없는 사정이 있을 것이다. 행복한 직장 생활을 하려면 이 눈높이의 차이를 극복해야 한다. 내 생각을 솔직하게 표현하는 것이 중요하다.

내 생각을 솔직하게 이야기하는 I-메시지 대화

나는 직장 생활을 하면서 방송통신대 유아교육과를 졸업했다. 업무랑 전혀 상관없어 보이는 유아교육과 공부를 하게 된 것은 아이의 영향이 컸다. 아이는 태어나자마자 겪은 신체적 정신적 충격으로부터 회복이 필요했고 심리적 안정이 필요했다. 아이를 통해 유아기 때의 경험과 교육이 평생에 걸쳐 영향을 준다는 것도 알게 되었다. 그래서 한두 권의 책을 읽는 정도로 끝나는 것이 아닌 체계적인 공부를 하고 싶었다. 직장 생활과 병행할 수 있는 방송통신대를 선택해서 4년을 마치고 졸업을 했다. 그래서 나는 대학 졸업장이 두 개다.

유아교육과의 교과과정에 따라 유아교육, 유아심리, 부모교육, 유아발달, 아동관찰 및 행동연구, 놀이지도, 특수교육학, 유아건강교육, 상담심리 등 많은 교과를 수강했다. 이를 통해 유아기 아이의 교육에 필요한 여러 가지 지식을 체계적으로 배울 수 있었다. 꼭 유아기 아이들을 위해서만 필요한 지식은 아니었다. 일을 하면서도 유용하게 사용할 수 있는 지식들이 많았다. 대표적인 예가 상대방과 솔직하게 대화하는 법이었다. 나는 직원들과 일대일 면담을 할 때도 회의할 때도 이 방법을 많이 사용한다.

바로 I-메시지I-message라는 방법이다. 우리는 흔히 대화를 하면서 상대방의 생각이나 의도를 모른 채 오해를 하기도 하고 나의 생각으로 상대방을 단정지어버리는 실수를 한다. 흔히들 늦잠을 자는 아이에게 "넌 왜 이렇게 잠을 많이 자니?"라고 말을 한다. 이것은 아이가 잠을 많이 잔 걸로 내 마음대로 단정을 해버리고 아이를 비난하는 의도가 숨겨져 있다. 그 대신 "나는 네가 늦잠을 자서 지각을 할까 걱정이 된다"로 나의 생각을 이야기할 수도 있다. 나에 대한 이야기를 한다고 해서 이렇게 대화하는 방법을 I-메시지라고 부른다.

직장에서도 마찬가지이다. 직원과의 대화에서도 상대방의 이야기를 경청하고 내가 바라는 바를 솔직하게 이야기하면 된다.

"A씨가 이런 이야기를 하는 것을 보니 아직 이 부분에 대한 이해가 부족한 것이 아닌가 하는 생각이 듭니다."

"저에게 부여된 이 업무는 제가 업무지식이 부족해서 잘할 수 있을지 걱정입니다. 이런 계획을 가지고 배워가면서 한번 해보겠으니 팀장님께서도 도움을 좀 주셨으면 합니다."

대부분의 사람들은 아주 예민한 존재이다. 상대방의 말 한마디가 가슴을 찌른다. 상대방이 나를 오해하는 것을 느낄 때 아무렇지도 않을 사람은 없다. 나도 마찬가지이다. 내가 상대방을 어떻게 다 알 수 있겠는가? 그냥 나를 표현하면 된다. 내가 잘 아는 내 생각을. 반드시 I-메시지로.

고객과의 눈높이 조절하기

허니문 기간Honeymoon period이라는 말이 있다. 서로 다른 환경에서 자란 두 사람이 결혼을 해서 서로에게 적응해가는 기간이다. 마찬가지로 고객과 서로 눈높이를 조절하는 일은 프로젝트 초기에 많이 일어난다. 프로젝트 초기에 고객이 바라는 기대수준과 실제 일의 결과에 대해서 사전에 합의를 하는 것이 꼭 필요하다. 이것은 프로젝트의 완료 기준Exit Criteria이 된다. 이런 과정이 없다면 프로젝트 목표에 대한 명확한 정의가 없이 일을 하는 것이 된다. 결과물에 대해 고객이 만족하기도 어렵다.

프로젝트 초기에 고객들과 결과물에 대해 합의하는 과정이 상당히 어려웠지만 성공적으로 일을 끝낸 경험을 소개하려고 한다. 고객은 대형 응용소프트웨어 개발 프로젝트를 진행하고 있었다. 대대적인 개편작업이었다. 응용소프트웨어 개발 프로젝트는 많은 사람들이 투입되어 있었고 개발 완료 시점까지는 약 1년 정도의 기간이 남아있었다. 우리 프로젝트 팀이 해야 할 일은 IT 인프라스트럭쳐 구조Infrastructure Architecture를 설계하고 업무로 생성되는 데이터 트래픽의 양을 예측해서 통신 속도를 결정하는 것이었다. 이는 고객의 응용 소프트웨어가 전체적으로 바뀜에 따라 수반되어야 할 일이었다.

프로젝트 기간은 6개월이었다. 그런데 프로젝트를 시작하자마자 고객들은 일주일 안에 대략적인 결과 값이 나올 수 없겠느냐고 재촉하기 시작했다. 난감했다. 수집해야 할 데이터 종류와 양이 너무 많아서 데이터 수집만 해도 두 달 이상이 예상되는 프로젝트였다. 고객에게 프로젝트 기간인 6개월 동안의 자세한 일정표를 보여주었다. 왜 데이터 수집하는 기간이 두 달 이상 걸리는지를 설명하고 고객이 원하는 대략적인 결과물은 최대한 당겨도 3개월은 지나야 할 것 같다고 이야기를 했다. 고객들의 실망은 컸다. 그렇지만 어쩔 도리가 없었다. 제대로 된 데이터 분석 없이 결과물을 낼 수는 없었다. 결과물이 공신력을 잃으면 프로젝트 팀과 회사에 대한 신뢰에도 영향을 미칠 것이 뻔했다.

고객은 아침마다 업무 시작 전에 회의실로 나를 불렀다. 결과물이 늦어지는 것에 대한 불만과 아쉬움을 매일 아침 30분 동안 이야기했다. 고객의 급한 입장을 충분히 이해했고 최대한 당긴 일정이 3개월 후였다. 그 대신 왜 3개월이 걸리는지를 말로만이 아닌 몸으로 고객들에게 보여줬다. 프로젝트 기간 동안 우리 프로젝트 팀원들은 모두 고객사로 출퇴근을 하고 있었다. 그래서 우리가 어떻게 일을 하는지는 고객들이 조금만 관심을 가지면 충분히 알 수 있었다.

나와 같이 일한 프로젝트 팀에는 입사한 지 얼마 안 된 신입사원도 있었다. 매일 계속되는 고객의 요구에 신입사원은 불안했었던 것 같다. 하루는 신입사원이 나에게 혹시 이런 상태로 고객과 관계가 나빠지면 어떻게 하냐고 걱정을 했다. 나는 지금 상황에 대해 일희일비하지 말고 프로젝트 끝나는 날 어떻게 끝나는지를 보면 지금 내가 왜 이러는지를 알게 될 것이라고 말했다. 우리가 일하는 모습을 옆에서 지켜본 고객들은 우리를 신뢰하기 시작했다. 한 달 정도가 지난 후였다. 더 이상 결과물을 빨리 달라는 이야기도 하지 않았다. 고객들도 충분히 그 기간이 왜 필요한지를 알게 되었다. 그리고 우리는 고객과 약속한 3개월이라는 기간을 정확히 지켰다.

솔직하게 양해를 구해 중요하지 않은 형식은 벗어버리기

종종 정치인과 관련해서 의전이 문제를 일으킨 사례가 언론에 보도되곤 하는데, 사실 의전은 모든 조직마다 정도의 차이는 있지만 완전히 무시할 수 없는 생활양식이다. 《시사상식 사전》에서는 의전을 '예를 갖추어 베푸는 각종 행사 등에서 행해지는 예법으로서 사람과 사람의 관계를 평화스럽게 하는 기준과 절차로 정의'하고 있다. '예를 생활규범으로서 일상생활 속에서 개인 간의 관계를 규율할 때 적용하면 예절etiquette이라 하고, 일정하게 틀을 갖춘 조직단위, 국가, 또는 국제 간의 공식적 관계에 적용할 때는 의전protocol'이라 부른다.

조직마다 상사 또는 행사에 대해 생각하는 의전의 중요성은 다 다르다. 관료적인 성격이 짙은 조직일수록 의전에 더 많은 신경을 쓰는 것을 느꼈다. 사실 나는 의전에 익숙하지 않았다. 형식적인 것이라 생각해서 특별히 큰 의미를 두지도 않았다. 직장 상사에게 예의를 갖추는 것, 그리고 행사를 진행할 때 목적에 맞게 효율적으로 진행하기 위한 준비 정도가 적당한 의전이라고 생각한다.

해외 출장을 가는데, 같은 비행기에 직장 윗분이 같이 타게 되었다. 원래 윗분을 수행하는 부서가 따로 있는데 비행기 스케줄이 잘 맞지 않았던 것이다. 우리 부서에서는 나를 포함하여 3명이 출장을 가는 길이었다. 모두 글로벌 회사 출신의 경력직으로 의전 또는 임원 수행이라고는 해본 적이 없는 직원들이었다. 혹시 윗분이 의전에 대한 기대가 크실까 봐 걱정이 되었다. 나는 미리 윗분에게 나를 포함하여 동승한 우리부서 직원들의 경력 배경을 설명드렸다. 그리고 다들 의전 경험이 없어서 불편하실 것 같다고 조심스럽게 말씀드렸다. 윗분은 흔쾌히 웃으시면서 괜찮다고 했다. 우리 회사가 의전을 너무 지나치게 하는 것 같다는 말씀도 덧붙이셨다. 마음이 한결 가벼워짐을 느꼈다.

눈높이의 차이를 알면서도 고민만 하다가 시간을 놓치지 않아야 한다. 그 갭은 시간이 지날수록 점점 더 커진다. 솔직한 나의 마음을 표현한다. 나의 상황을 있는 그대로 설명하면서 서로 간의 절충점을 찾아가는 노력이 필요하다. 가장 중요한 것은 그럼에도 불구하고 나는 할 수 있는 한 최선을 다해서 그 갭을 메꾸려는 노력을 하고 있다는 것을 상대방이 느끼게 하는 것이다. "나는 원래 이런 상황이에요. 그러니 할 수 없어요"보다는 "나는 이런 상황이에요. 그렇지만 앞으로 이런 노력을 더 해보겠어요. 그래서 시간이 걸릴 수 있어요"가 훨씬 책임 있고 신뢰를 주는 자기표현 방법이다.

몰입을 통한
스트레스 관리법

　바쁘게 살고 있는 직장인들이 직장과 집을 왔다 갔다 하다 보면 지금 그 안에서 내가 겪고 있는 것들이 세상의 전부인 것처럼 생각되곤 한다. 그렇게 새장 안에 갇힌 기분이 들 때 가끔씩 떠나는 해외여행이 현재 겪고 있는 스트레스의 돌파구가 되는 것은 그 시간에 집중하기 때문이다. 여행 전 여행 계획을 짜고 비행기 표를 예약하고 호텔을 예약하는 시간 동안은 여행에만 집중하게 된다. 잠시라도 우리의 현재 상황을 잊고 여행 계획에 몰입하면서 업무로 인한 스트레스에서 조금은 벗어날 수 있다.

　여행지에 가서는 낯선 도시, 낯선 식당, 낯선 숙소에 적응하려는 노력을 하면서 일을 조금씩 잊어간다. 입에 맞지 않는 음식, 낯선 호텔 방, 낯선 거리들은 익숙하지는 않지만 그래도 긍정적인 스트레스가 된다. 어차피 이 여행의 끝에 우리는 집으로 돌아갈 것이니 항상 해피엔딩인 것이다. 여행지의 낯선 환경은 며칠 동안만 잘 견디면 되는 것이다. 며칠이라는 짧고도 한정된 기간만이 허용된다는 것과 두 번 세 번 계속 올 수 없을 것이라는 아쉬움이 더해져서 여행은 늘 좋은 것으로 추억되고 여행지는 다시 가고 싶은 곳으로 기억된다.

여행을 하는 동안 우리는 어쩔 수 없이 일과 물리적으로 떨어지게 된다. 여행에서 넓은 세계를 경험하면 내가 직장에서 아등바등하면서 고민했던 것들이 작아 보인다. 이런 경험은 직장인이라면 누구나 한 번쯤은 했으리라 생각된다. 이러한 원리를 일에서도 적용해보면 어떨까? 나는 그렇게 적용을 해오고 있다. 적어도 나의 몸과 마음을 힘들게 하는 부정적인 스트레스를 적극적으로 관리해야겠다고 마음먹은 다음부터는 말이다.

하나에서 100을 받을까, 두 개에서 50씩 받을까?

어쩔 수 없이 일에서 받아야 하는 스트레스가 100이라고 하자. 이 100이라는 스트레스는 우리가 쉬거나 일을 할 때와 상관없이 우리의 머리를 지배할 가능성이 크다. 그런데 만약 우리가 업무시간 외에 자기계발을 위해 다니는 학교에서 중간고사 시험이 있어서 어쩔 수 없이 중간고사 시험공부를 해야 한다고 치자. 이런 경우 우리는 공부에 집중할 수밖에 없다. 이때 내 머리를 지배하고 있던 일에 대한 스트레스는 분명 그 강도가 낮아질 것이다. 또 다른 종류의 아주 급하고 지금 해결할 수밖에 없는 일이 생겼기 때문이다.

중간고사로 인해 스트레스를 받을 수는 있겠지만, 이는 어쩌면 우리가 관리 가능한 스트레스이다. 좀 더 열심히 공부함으로써 시험으로 인한 스트레스를 줄일 수 있다. 당장 중간시험을 마칠 때까지 일에서 받는 스트레스는 줄어들 것이다. 정량적으로 따질 수는 없지만 대략 일과 시험에 대한 스트레스가 50씩이 된다면 전체의 양은 같아도 각각의 강도는 낮아지는 것이다.

스트레스는 우리의 생각이다. 우리의 생각을 전환해서 스트레스 강도를 낮출 수 있다면 바람직한 방법일 것 같다. 사실 이 방법은 내가 사용하는 방법이다. 아직 나의 경험을 뒷받침해주는 이론적 배경을 찾지는 못했지만, 나의 경험상 꽤 효과가 있다고 자부한다.

나는 약 30년 동안 직장 생활을 했다. 동시에 그 기간 동안 6개의 학위 및 비학위과정을 공부했다. 석사 과정, 박사 과정, 전공과 좀 동떨어진 것 같으나 직장 생활에 잘 활용이 되는 유아교육과 학사 과정, 그리고 세 개의 최고경영자 과정을 졸업했다. 회사를 다니면서 시험을 보고 야간이나 주말에 출석을 하고 과제가 있는 학교 과정을 다닌 기간이 약 13년 정도이다. 30년 직장 생활을 하는 동안 거의 절반 가까이의 시간을 일과 학업을 병행한 것이다. 학업을 하는 것은 일에도 도움이 되고 서로 상승 작용을 주기도 한다. 일에서의 스트레스를 완화시켜 주기도 한다. 나는 이렇게 나의 성장을 위한 긍정적인 스트레스를 통해 직장에서 어쩔 수 없이 받게 되는 수동적 스트레스를 관리하려고 노력했다.

나의 현재 상태를 객관적으로 돌아보는 멈춤의 시간이 필요하다

나의 일과 삶으로부터 조금 떨어져서 객관화된 나와 나의 주변을 들여다보려면 여행이 좋은 방법이다. 그런데 꼭 여행을 가지 않더라도 가끔씩 멈추고 나에 대해 의식적으로 생각해보는 시간이 필요하다. 우리는 회사에서 업무에 대해서는 업무의 결과에 대해 피드백을 하는 습관이 있다. 업무 결과에 따라 과정을 돌아보고 일의 성공과 실패의 원인을 찾는다. 거기서 교훈을 얻고 다음 일에 반영하려는 노력을 한다.

고객사에 제안을 하고 그 제안이 받아들여져서 계약을 했다면 우리 제안의 어떤 부분으로 인해 고객의 계약을 얻어냈는지 리뷰를 한다. 반대의 경우도 마찬가지이다. 우리가 계약을 얻어내지 못했다면 어떤 부분이 잘못되었는지 돌아본다. 프로젝트가 다 끝나면 프로젝트를 돌아보고 레슨 런드Lesson Learned를 정리하는 시간을 갖는다. 우리는 일에서는 결과에 대해 리뷰를 하고 레슨 런드를 정리하는 것이 당연하다고 생각한다.

마찬가지로 일에서 뿐만 아니라 개인적으로도 우리를 돌아보는 시간이 필요하다. 우리의 현재 위치를 객관적으로 바라보고 조금 떨어져서 나에 대해 생각해보는 시간이 필요하다. 나 자신을 들여다보고 힘든 일을 겪은 나를 위로하고 나를 좀 더 사랑하는 시간을 가질 필요가 있다. 지금의 나의 몸과 마음 상태는 어떠한지? 그렇게 생각하는 이유는 무엇인지? 어떻게 하면 좀 더 나은 몸과 마음 상태를 유지할 수 있을 것인지?

또 매일의 생활에 매몰되어 내가 가고자 하는 방향을 잊은 건 아닌지 점검할 필요도 있다. 지금의 나는 내가 생각하는 목표를 향해 한 발씩 가까워지고 있는 것이 맞는지? 지금 내가 하는 일에서, 또 내가 가고자 하는 방향에서 나의 전문성을 더 길러야 하는 부분은 무엇인지? 앞으로 내가 더 보완해야 할 부분은 무엇인지? 사람들을 대함에 있어서 감정적으로 대한 적은 없는지? 나의 부족함을 솔직히 인정하고 개선하려는 노력을 하고 있는지? 나는 더 나은 내가 되기 위해 노력하는 중인지? 또 아직 해결하지 못한 문제가 있다면 그 이유는 무엇인지, 한 발 떨어져서 차분히 생각해볼 필요가 있다.

팀 패리스는 '세상에서 가장 지혜롭고, 가장 부유하고, 가장 건강한 사람이라고 평가받는 인물들 61명'을 만나고 이를 토대로 《타이탄의 도구들》이라는 책을 썼다. 책 제목의 타이탄titan은 팀 패리스가 만난 자신의 분야에서 최정상에 오른 이들을 부르는 명칭으로 '거인'이라는 뜻이다. 팀 패리스는 《타이탄의 도구들》에서 디로딩deloading 시간에 대해 이야기한다.

"디로딩은 내려놓는, 뒤로 물러나는, 부담을 제거하는 등의 뜻을 갖고 있다. 즉, 촘촘하게 짜인 계획과 일에서 잠시 물러나 컨디션을 조절하고 회복하는 행동을 디로딩이라 할 수 있다. 타이탄들에겐 디로딩 주간이 있다. 디로딩 주간을 가지면 삶의 과부하들을 지혜롭게 예방하고, 더 나은 삶을 위한 속도를 내는 데 큰 도움을 얻을 수 있다. 디로딩 주간은 창의성과 생산성, 삶의 질에 실질적인 기여를 한다. 디로딩을 하는 데 꼭 일주일이란 시간이 필요한 건 아니다. 매일 디로딩의 시간을 갖는 타이탄들도 많았다."

스트레스를 주는 원인이 되는 것에서 벗어나 다른 몰입 상대를 찾아 스트레스를 관리하는 것은 어떨까 한다. 가만히 생각해보면 취미 활동을 통해서 스트레스를 잊는 것, 다른 열중할 무언가를 찾아서 몰입하는 것은 어쩌면 일맥상통한 면이 있는 것 같다. 우리에게는 혼자서 보내는 시간이 꼭 필요하다. 혼자 있는 시간은 나의 내면을 들여다보게 하여 혹시라도 번아웃될지 모르는 나의 몸과 마음을 다독여줄 수 있는 시간이 될 것이다. 또 반성의 시간이 될 것이다. 성장하는 사람들에게는 이러한 멈춤의 시간이 꼭 필요하다.

소중한 것을 잃고 나서야
깨달은 진실

세계인이 우리나라 사람들에게 붙인 유머러스한 별명이 있다. '유대인을 게을러 보이게 만들 수 있는 민족'이라든지 '일도 노는 것도 최선을 다하는 민족'이 그것이다. 그러다 보니 불행하게도 번아웃 증후군에 시달리기 쉽다. 육체적인 한계뿐만 아니라 정신적인 고갈로 우울증을 호소하는 사람이 증가하고 있는 것도 우리의 현실이다.

직장 생활을 시작하고 몇 년 동안 나는 스트레스 관리의 중요성에 대해 실감하지 못했었다. 스트레스를 받고 있다는 생각 자체를 못했다. 가끔씩 생기는 힘든 감정은 당연히 그럴 수 있다고 생각했다. 어쩌면 직장인이라면 누구나 피해갈 수 없는 것이 스트레스라고 생각하고 그냥 수동적으로 받아들이고 있었던 것 같다. 관리되지 않은 부정적 스트레스가 얼마나 심각하게 나의 몸과 마음에 영향을 미치고 있는지도 미처 깨닫지 못했었다. 스트레스로 인해 심각한 문제가 발생하기 전까지는.

지금 몸과 마음이 힘들면 무조건 쉬어야 한다

내가 임원으로 있을 때 임신 중인 여직원 A로부터 면담 신청이 있었다. A는 자신이 받은 인사평가에 대해 설명을 듣고 싶어 했고 개인적인 고민도 있다고 했다. 나의 사무실에 마주 앉아 먼저 A가 받은 평가 등급이 의미하는 바에 대해서 설명을 했다. 회사에서 평가 등급을 부여하는 체계가 경력으로 들어온 A에게는 조금 어려울 수 있을 것이라는 생각이 들어서였다. 그리고 A의 두드러진 성과와 평가의 근거에 대해 이야기를 나누었는데 그녀는 나의 말을 이해하는 것 같았다.

다음은 A의 개인적인 고민에 대한 이야기를 나누었다. A는 임신을 해서 마음은 열심히 해야 한다는 욕심이 생기는데 몸이 잘 따라주지 않아서 힘들다고 했다. 다른 직원들은 다 잘하는 것 같은데 본인만 아닌 것 같아서 걱정이 된다는 이야기도 했다. 나는 말했다.

"지금 충분히 잘하고 있어요. 괜히 다른 사람과 비교해서 스스로를 힘들게 할 필요가 없어요. 그리고 지금 가장 중요한 일은 건강한 아이를 출산하는 겁니다. 그것이 개인을 위해서도 회사를 위해서도 국가를 위해서도 가장 중요한 일이에요. 그러니 일에 대해서 절대 스트레스 받지 말고 조금 힘들면 무조건 쉬어야 합니다. 일은 건강하게 아이를 출산하고 난 다음에 열심히 하면 됩니다."

나는 A와 같이 임신한 여직원들이 쉽게 가질 수 있는 육체적인 피로감과 이로 인한 스트레스를 줄여주고 싶었다. 내가 임신 중일 때 힘들게 겪은 일이 있어서 후배들에게는 그런 아픔을 주고 싶지가 않았다. 임신 중에는 몸이 많이 힘들고 쉽게 피로해진다. 몸이 힘들어지면 정신도 같이 힘들어진다. 이렇게 힘든 몸과 마음은 부정적인 스트레스로 작용하여 산모와 태아를 위태롭게 하는 독이 된다. 내가 직접 경험한 일이고 그 영향은 지금도 계속되고 있다.

임신 중 쌓인 스트레스로 잃어버린 내 아이의 건강

오래전 내가 임신 중일 때 이야기다. 임신 7개월에서 8개월로 접어들었지만 과도한 업무량은 많아지면 많아졌지 절대 줄어드는 법이 없었다. 매일의 투 두 리스트To do List에 적힌 내용이 다 완료되려면 거의 새벽까지 일을 해야 하는 상황이었다. 부장님의 제안으로 우리 부서에서는 네트워크 구조를 모델링하고 시뮬레이션하는 일을 도입했다. 시뮬레이션 툴 도입부터 방법론을 만드는 일, 고객사에 제안하는 일들이 모두 나에게 주어졌다. 혼자서 연구하고 고민하면서 모든 문제를 풀어나가야 했다. 새로운 일은 그 나름대로 재미있었다. 관련 논문도 보고 공부하는 재미도 있었다. 그런데 혼자서 해야 하는 이 일을 하면서 팀 공동으로 하는 제안 작업도 참여해야 했다. 팀으로 하는 일을 모두 마치고 혼자 해야 하는 일을 하려고 하면 시간은 늘 밤 11시가 넘어 있었다. 이런 상태가 지속되면서 몸의 피로는 누적되어 갔다.

연일 늦은 시간까지의 야근은 임신 중인 나에게 체력의 한계를 느끼게 했다. 아무도 없는 사무실에서 혼자 밤늦게까지 앉아 있을 때면 너무 지치고 힘들다는 생각에 눈물이 나오기도 했다. 그즈음 나는 분초를 아끼기 위해 매달 받아야 하는 산전 검사도 사무실과 길 하나를 사이에 두고 있는 개인 산부인과에서 받고 있었다. 그날도 한 달 만에 산전 검사를 받기 위해 점심시간을 이용하여 길 건너 산부인과에 들렀었다.

초음파를 진행하는 의사의 얼굴빛이 점점 변해가는 것을 느끼며 직감적으로 불안감이 몰려들었다. 잠시 후 입을 뗀 의사는 "큰 병원으로 가보셔야 할 것 같아요"라는 말과 함께, 태아의 신장 한쪽이 이상하다는 이야기를 덧붙였다. 회사에서 가장 가까운 큰 병원으로 산전 진료 병원을 옮겼다. 큰 병원에서도 아이의 한쪽 신장이 생성되지 않았다는 이야기를 했다. 신장에서 아래로 연결되는 관이 막혀 있어서 물이 제대로 내려가지를 못하고 있었다. 신장에 물이 차서 그 안에 형성되어야 할 신장의 각종 조직들이 형성되지 않았다는 설명이었다. 태아에 문제가 있어도 임신 상태에서 할 수 있는 일이 없었다.

산전 검사 주기를 이 주일에 한 번씩으로 줄이고 그때마다 초음파를 통해 태아 신장의 크기 변화를 살피는 것이 전부였다.

나는 태아의 이상을 발견할 당시 몸도 마음도 많이 힘든 상태였다. 내가 스트레스를 받고 있다는 사실도 인지하고 있었다. 하지만 더 이상 스트레스를 받지 않을 수 있는 방법을 찾을 생각을 못하고 이를 묵묵히 감내했다. 일을 하면서 그 정도 스트레스를 받는 것은 당연한 것으로만 여겼다. 그러나 그것은 완전히 잘못된 생각이었다. 나는 나의 상태를 적극적으로 관리했어야 했다. 나의 힘든 상황을 부장님께 말씀드리고 업무 조정을 부탁했어야 했다.

관리되지 않은 부정적인 스트레스가 얼마나 나쁜 영향을 끼치는지를 알게 된 것은 큰 대가를 치르고 난 뒤였다. 아이는 태어나자마자 인큐베이터에 들어갔다. 아이들은 태어날 때 좁은 산도를 지나 나오는 과정에서 극도의 스트레스를 받는다고 한다. 뱃속에서 들어서 익숙한 엄마아빠의 목소리를 들으면서 그나마 차츰 안정을 찾아간다고 한다. 그런데 우리 아이에게는 엄마아빠의 목소리를 들려줄 수가 없었다. 아이는 내내 병원 인큐베이터 안에 있었다. 태어난 지 한 달쯤 지나서 6시간이 넘게 걸리는 수술을 했다. 그래도 신장이 두 개라는 것이 큰 위안이 되었던 시간들이었다.

아이는 학교 과목 중에 체육시간을 제일 좋아했다. 초등학교 3학년 때는 4학년부터 들어갈 수 있는 학교 축구부에 들어가고 싶다고 해서 축구부에 합류하기도 했다. 아침 농구반, 축구부, 태권도까지 운동이라면 다 좋아했다. 대학 1학년이 되었을 때 군대를 가기 위해 신체검사를 받았다. 그런데 어릴 때 받은 신장 수술이 원인이 되어 군 면제 판정을 받게 되었다. 올해 대학 4학년이 되었다. 일찍부터 취업으로 방향을 정하고 전공 관련 분야의 기업에 입사원서를 내고 있다.

애써 준비했지만 서류전형부터 탈락하는 경우도 생긴다. 나는 서류전형에 탈락한 것은 부족한 부분을 좀 더 채우는 기회로 활용하자고 아이를 위로한다. 마음속으로 신체 문제로 인한 군대 면제라서 탈락된 건 아닌가 하는 생각이 드는 건 어쩔 수 없다. 아이에게 미안해진다. 이렇게 미안한 마음은 앞으로도 조금이라도 아이의 신장과 관련되었다고 생각되는 일이 있을 때마다 계속 들 것 같다. 아마도 평생 동안 지속될지도 모르겠다. 나에게는 지울 수 없는 마음의 짐인 이 사연이 지금 스트레스로 위기를 겪는 직장인들이 미래를 위한 선택을 하는 데 조금이나마 도움이 되길 기대한다.